MELANIN
THE
BLACK
EXCELLENCE

"À une époque cruciale de l'histoire humaine où course effrénée au progrès battait son plein, et l'urgence d'innover pour simplifier l'existence était au cœur des préoccupations mondiales. C'est dans ce contexte dynamique que se sont distingués des esprits lumineux, dont la rareté n'a d'égal que l'ingéniosité. Ces pionniers, souvent méconnus, ont apporté des contributions fondamentales qui ont transformé notre quotidien. Ce livre est un hommage à douze inventeurs noirs exceptionnels, dont les inventions sont devenues des éléments indispensables de notre vie de tous les jours. Leur génie créatif et leur persévérance ont brisé les barrières et pavé la voie de l'innovation. En retraçant leurs histoires, non seulement nous leur rendons la place qui leur revient dans l'histoire, mais nous célébrons également leur héritage qui continue d'enrichir chaque aspect de notre vie moderne."

Kevin Wamba

Sommaire

CHAPITRE I : PHILIP EMEAGWALI 7

CHAPITRE II : MARK DEAN 17

Chapitre III : Garrett A. Morgan - Un Inventeur Visionnaire 23

CHAPITRE IV : MARIAN R. CROAK 39

Chapitre V : Alice H. Parker - Pionnière du Chauffage Moderne ... 53

Chapitre VI : Granville T. Woods - Le Magicien des Trains Rapides et des Télécommunications 63

Chapitre VII : Patricia Era Bath - Pionnière de la Médecine 73

Chapitre VIII : Lewis Howard Latimer 81

Chapitre IX : Dr. Benjamin Solomon Carson 87

Chapitre X : Percy Lavon Julian 95

Chapitre XI : Lisa Gelobter - Pionnière en Technologie et Équité 105

Chapitre XII : Marie Van Brittan Brown - Inventrice du Système de Sécurité Domestique et de la Télévision en Circuit Fermé 117

CHAPITRE I : PHILIP EMEAGWALI

Introduction

Philip Emeagwali, souvent célébré comme une figure emblématique dans le monde de l'informatique, a une histoire aussi fascinante que ses réalisations. Né dans un petit village au Nigeria, il a surmonté de nombreux obstacles pour devenir l'un des pionniers dans le développement des superordinateurs et de l'Internet. Ce chapitre retrace son parcours depuis son enfance dans un environnement modeste jusqu'à ses contributions révolutionnaires dans les sciences et la technologie, illustrant comment sa persévérance et son génie ont impacté le monde moderne.

Partie 1 : Enfance et Éducation

Philip Emeagwali, né en 1954 dans un village modeste d'Onitsha, au Nigeria, a débuté sa vie dans un cadre qui semblait peu propice à de grandes réalisations scientifiques. Sa famille, bien que modeste, a soutenu son éducation dans une école catholique locale, où il a rapidement démontré un talent exceptionnel en mathématiques. À 17 ans, il reçoit une bourse pour poursuivre ses études aux États-Unis, où il excelle à l'Université de l'Oregon en mathématiques. Ce parcours initial a posé les bases de ses futures découvertes dans le domaine de l'informatique, marquant le début d'un voyage extraordinaire depuis un petit village nigérian jusqu'aux sommets de la recherche scientifique mondiale.

Partie 2 : Carrière Académique et Professionnelle

Sa carrière académique et professionnelle est marquée par des réalisations impressionnantes, mais elle n'a pas été sans défis, notamment en ce qui concerne le racisme.

Après avoir obtenu son diplôme en mathématiques de l'Université de Lagos au Nigéria, Emeagwali a poursuivi ses études supérieures aux États-Unis. Il a obtenu une maîtrise en informatique à l'Université de Maryland et a continué à se perfectionner en obtenant un doctorat en informatique à l'Université du Michigan.

Sa carrière professionnelle a décollé lorsqu'il a rejoint la NASA, où il a travaillé sur des projets de modélisation météorologique et d'exploration spatiale. Cependant, son véritable coup d'éclat est venu lorsqu'il a résolu l'un des problèmes les plus complexes de l'informatique : la vitesse de calcul des superordinateurs.

Emeagwali a conçu un système de calcul parallèle révolutionnaire basé sur la puissance de traitement de milliers de processeurs individuels fonctionnant en tandem. Cette percée a permis de résoudre des problèmes complexes en un temps record, ouvrant la voie à des applications allant de la prévision météorologique aux simulations pétrolières.

Cependant, il est important de noter que sa carrière aux États-Unis n'a pas été sans difficultés en raison du racisme systémique. Emeagwali a dû faire face à des obstacles et à des préjugés en raison de sa race, mais il a persévéré et a continué à repousser les limites de la technologie.

Son travail l'a conduit à recevoir le prix Gordon Bell en 1989, considéré comme le "Nobel de l'informatique", en reconnaissance de ses réalisations exceptionnelles dans le domaine de la superinformatique.

Il a également été professeur d'informatique dans plusieurs universités de premier plan. Il a partagé ses connaissances et son expertise avec de nombreuses générations d'étudiants, inspirant ainsi de futurs chercheurs en informatique.

En résumé, la carrière académique et professionnelle de Philip Emeagwali est une histoire de réussite remarquable marquée par des réalisations majeures dans le domaine de la technologie, de la recherche, de l'éducation, et la persévérance face aux défis du racisme.

Partie 3 : Héritage et Impact

3.1. Réalisations

Philip Emeagwali est largement reconnu pour ses nombreuses réalisations dans les domaines de l'informatique, des supercalculateurs et de la technologie de l'Internet. Voici quelques-unes de ses réalisations les plus notables :

3.1.1. Invention du Calcul Massivement Parallèle

Emeagwali est célèbre pour avoir conçu le premier supercalculateur capable d'effectuer jusqu'à un milliard de calculs par seconde en utilisant 65 536 processeurs en parallèle. Cette innovation a révolutionné la capacité de calcul et a ouvert de nouvelles possibilités pour la résolution de problèmes complexes.

3.1.2. Méthode de Factorisation de Matrices

Il a développé une méthode de factorisation de matrices qui a amélioré l'efficacité des supercalculateurs en résolvant des systèmes d'équations linéaires. Cette méthode est devenue une composante essentielle de nombreux calculs scientifiques et techniques.

3.1.3. Contribution à la Création de l'Internet

Emeagwali a joué un rôle clé dans la création de l'Internet en développant des algorithmes de calcul en réseau utilisant des milliers de processeurs. Ses travaux ont jeté les bases de la technologie de l'Internet moderne.

3.1.4. Publication Prolifique

Il est l'auteur de nombreuses publications scientifiques et a partagé ses connaissances par le biais de plus d'un millier de podcasts et de vidéos sur des sujets liés à la physique, aux mathématiques et à l'informatique.

3.2. Impact sur la Technologie

Ses contributions ont eu un impact significatif sur la technologie moderne. Ses innovations ont ouvert de nouvelles perspectives dans les domaines suivants :

3.2.1. Super Informatique

Son travail dans le calcul massivement parallèle a accéléré la résolution de problèmes complexes dans des domaines tels que la recherche pétrolière, la modélisation climatique et la simulation scientifique.

3.2.2. Calcul Scientifique

Sa méthode de factorisation de matrices est devenue une technique essentielle pour résoudre des équations linéaires dans des applications allant de l'ingénierie à la finance.

3.2.3. Communication en Réseau
Sa contribution à la création de l'Internet a révolutionné la communication en réseau, ouvrant la voie à des avancées telles que le commerce électronique, les médias sociaux et la télémédecine.

3.3. Héritage et Reconnaissance
Philip Emeagwali a laissé un héritage durable en tant que pionnier de l'informatique et de la super informatique. Il a reçu de nombreuses distinctions, dont le titre de "Père de l'Internet" en Afrique, et il est souvent mentionné comme l'un des plus grands innovateurs de son époque.

Son influence perdure à travers ses écrits, ses conférences et ses vidéos, qui continuent d'inspirer de jeunes chercheurs et innovateurs à travers le monde.

Partie 4 : Innovations Majeures
Philip Emeagwali est célèbre pour ses nombreuses innovations dans le domaine de l'informatique et des supercalculateurs. Ses contributions ont repoussé les limites de la puissance de calcul et ont ouvert de nouvelles perspectives pour la résolution de problèmes complexes. Dans cette section, nous explorerons quelques-unes de ses innovations les plus marquantes et leur impact sur la vie réelle.

4.1. L'invention du Supercalculateur

L'une de ses innovations les plus significatives est le concept de calcul massivement parallèle. Il a conçu un supercalculateur qui pouvait effectuer jusqu'à un milliard de calculs simultanés, en utilisant 65 536 processeurs en parallèle. Cette approche a révolutionné le domaine de la simulation numérique, de la modélisation du climat, de la recherche pétrolière, et de nombreuses autres applications scientifiques et industrielles.

Impact dans la vie réelle : Le calcul massivement parallèle a permis d'accélérer de manière significative la résolution de problèmes complexes. Par exemple, dans l'industrie pétrolière, cela a conduit à des simulations plus rapides pour la localisation de gisements de pétrole, contribuant ainsi à optimiser l'extraction et à réduire les coûts.

4.2. La Méthode de Factorisation de Matrices

Emeagwali a également développé une méthode de factorisation de matrices qui a amélioré l'efficacité des supercalculateurs en résolvant des systèmes d'équations linéaires. Cette approche a trouvé des applications dans divers domaines, y compris l'ingénierie, la finance, et la modélisation des réseaux.

Impact dans la vie réelle : La méthode de factorisation de matrices a permis d'accélérer la résolution de problèmes de grande envergure, tels que la simulation de crash-tests pour les véhicules, la prévision des marchés financiers, et la modélisation des réseaux de communication. Ces applications ont un impact direct sur la sécurité, l'économie et les télécommunications.

4.3. Le Calcul en Réseau et la Création de l'Internet

L'une des réalisations les plus influentes de **Philip Emeagwali** est sa contribution à la **création de l'Internet**. En utilisant des milliers de processeurs en réseau, il a développé des algorithmes pour effectuer des calculs à haute performance. Cette approche a jeté les bases de la technologie de l'Internet et de la communication en réseau que nous utilisons aujourd'hui.

Impact dans la vie réelle : L'invention de l'Internet a transformé la façon dont nous communiquons, travaillons, faisons des affaires, et accédons à l'information. Il a ouvert la porte à des avancées telles que le commerce électronique, les médias sociaux, la télémédecine, et bien d'autres domaines qui touchent la vie quotidienne de millions de personnes dans le monde.

Partie 5 : Défis et Réussites Personnelles

Philip Emeagwali a fait face à de nombreux défis au cours de sa vie, mais il a également connu des réussites personnelles remarquables qui ont contribué à façonner son parcours et à inspirer les autres.

5.1. Les Défis Qu'il a Surmontés

Né au Nigeria où il a grandi dans des conditions modestes, il a dû faire face à des défis économiques et sociaux tout au long de son enfance. De plus, en poursuivant ses études aux États-Unis, il a dû surmonter des obstacles tels que le financement de ses études et l'adaptation à un nouvel environnement culturel. Malgré ces défis, sa détermination et son désir de réussir l'ont poussé à persévérer.

5.2. Ses Réussites Personnelles

Il a accumulé de nombreuses réalisations personnelles au fil des ans. Il a obtenu un diplôme en mathématiques, en physique et en informatique, démontrant sa passion et son engagement envers ces domaines. Ses recherches révolutionnaires dans le domaine de l'informatique et des supercalculateurs lui ont valu le titre de "Père de l'Internet" et le prestigieux Prix Gordon Bell. Il a également contribué de manière significative à la sensibilisation à la science et à l'éducation, en donnant des conférences et en partageant ses connaissances avec le grand public.

Malgré les obstacles qu'il a rencontrés, il réussit à réaliser des avancées significatives dans le domaine de l'informatique et à laisser un héritage durable en tant que scientifique et chercheur de renom. Ses réalisations personnelles continuent d'inspirer les générations futures à poursuivre leurs rêves et à repousser les limites de la connaissance humaine.

Partie 6 : Reconnaissance et Héritage Durables

Philip Emeagwali a laissé une empreinte indélébile dans le domaine de l'informatique et des sciences, marquée par une reconnaissance internationale et un héritage qui perdurent.

Prix et Distinctions :

Il a été honoré par de nombreux prix et distinctions prestigieuses tout au long de sa carrière. Parmi ceux-ci, le Prix Gordon Bell, souvent qualifié de "Nobel de l'informatique", témoigne de ses contributions exceptionnelles au calcul haute performance. Ses réalisations ont également été reconnues par le Prix William E. Gordon du National Society of Black Engineers, mettant en lumière son impact sur la communauté des ingénieurs.

Conférences Invitées :

En qualité de conférencier invité de renommée mondiale, il a partagé son expertise lors de conférences internationales majeures. Ses présentations ont inspiré des chercheurs, des étudiants et des professionnels à travers le monde, contribuant ainsi à promouvoir l'excellence en informatique et en science.

Héritage Pédagogique :

Son engagement envers l'éducation est un aspect fondamental de son héritage. Il a dispensé des cours, animé des ateliers et publié des travaux qui ont servi à former de futures générations de scientifiques et d'ingénieurs. Son influence continue à se propager à travers l'enseignement et l'encouragement de la quête du savoir.

Influence Mondiale :

Les contributions de Philip Emeagwali ont transcendé les frontières nationales pour avoir un impact à l'échelle mondiale. Ses avancées dans le domaine de l'informatique ont contribué à façonner la manière dont nous abordons la résolution de problèmes complexes et ont eu des répercussions dans divers secteurs, de l'industrie à la recherche scientifique.

Inspiration Continue :

L'histoire de sa vie, marquée par la persévérance et la réussite face à l'adversité, continue d'inspirer des individus du monde entier. Son parcours exemplaire sert de modèle pour ceux qui aspirent à réaliser des avancées significatives dans les domaines scientifiques et technologiques, en particulier pour les individus issus de milieux sous-représentés.

En conclusion, Philip Emeagwali est bien plus qu'un pionnier de l'informatique et des supercalculateurs. Son héritage perdure à travers ses réalisations exceptionnelles, sa contribution à l'éducation, son influence mondiale et son rôle d'inspirateur pour les générations actuelles et futures. Il demeure une figure emblématique dont l'impact sur la science et la technologie continue de se faire sentir à l'échelle mondiale.

CHAPITRE II : MARK DEAN

Introduction au Chapitre sur Mark Dean

Dans la petite ville de Jefferson City, Tennessee, un jeune garçon nommé Mark Dean nourrissait des rêves qui allaient un jour révolutionner le monde de l'informatique. Né le 2 mars 1957, Dean a grandi dans un environnement où la curiosité et l'ingéniosité étaient encouragées. Son père, ingénieur, lui a inculqué l'amour de la technologie et du bricolage. Cette passion précoce pour l'ingénierie s'est transformée en une carrière remarquable chez IBM, où ses innovations ont redéfini l'usage des ordinateurs dans le monde entier. Ce chapitre explore le parcours exceptionnel de Mark Dean, depuis ses premières années jusqu'à ses réalisations majeures, illustrant comment sa persévérance, son génie et sa vision ont contribué à façonner l'avenir de la technologie informatique.

Formation Académique

L'aventure académique de Mark Dean a commencé à l'Université du Tennessee, où il a choisi le génie électrique, un domaine qui combine sa passion pour la résolution de problèmes complexes et son amour pour l'innovation technologique. Là, Dean s'est immergé dans des études rigoureuses, s'engageant dans des projets de recherche et des expériences pratiques qui ont aiguisé son esprit ingénieux. Ses professeurs et mentors ont rapidement reconnu son potentiel exceptionnel, le poussant à poursuivre des défis plus grands.

Son ambition et son désir d'élargir ses horizons l'ont conduit à l'Université Stanford, une institution réputée pour son programme d'ingénierie de pointe. À Stanford, Dean a plongé dans le monde de la recherche avancée, travaillant sur des projets qui ont repoussé les frontières de la technologie électrique et informatique. Son travail de doctorat, en particulier, a révélé sa capacité à penser de manière innovante, posant les fondements de ses futures contributions à l'informatique.

Le parcours académique de Dean n'était pas seulement une quête de connaissances, mais aussi un voyage personnel de découverte et de croissance. Il a appris à naviguer dans un domaine dominé par des défis techniques et théoriques complexes, tout en restant fidèle à sa vision de rendre la technologie accessible et utile pour tous. Les années passées dans ces institutions prestigieuses ont joué un rôle crucial dans la formation de l'ingénieur et de l'inventeur qu'il est devenu, lui donnant les outils et la confiance nécessaires pour révolutionner le monde de l'informatique.

<u>Débuts chez IBM</u>

Mark Dean, après avoir obtenu un doctorat en génie électrique de l'Université Stanford, a rejoint IBM, une étape déterminante dans sa carrière. Chez IBM, il a rapidement prouvé qu'il était plus qu'un ingénieur talentueux ; il était un visionnaire. Dean a débuté par des projets qui ont révolutionné l'utilisation des ordinateurs personnels. Sa contribution la plus notable fut la co-invention de l'ISA bus, une avancée qui a permis une plus grande intégration et fonctionnalité des composants informatiques. Cette invention a marqué le début d'une ère où les ordinateurs personnels sont devenus plus accessibles et performants.

L'engagement de Dean envers l'innovation ne s'est pas arrêté là. Il a joué un rôle clé dans plusieurs autres projets révolutionnaires chez IBM, démontrant une capacité remarquable à anticiper les besoins technologiques futurs et à y répondre efficacement. Ses premières années chez IBM ont mis en lumière sa capacité unique à combiner expertise technique et vision stratégique, contribuant ainsi de manière significative au paysage de l'informatique moderne.

Ce début de carrière chez IBM a non seulement établi Dean comme un acteur majeur de l'industrie, mais a également posé les fondations de ses futurs succès. Chaque projet auquel il a contribué a témoigné de son approche innovante et de son engagement envers le progrès technologique, confirmant ainsi sa place en tant que pionnier dans le domaine de l'informatique.

Innovations Majeures

Mark Dean a joué un rôle crucial dans l'histoire de l'ordinateur personnel chez IBM. Ses réalisations incluent l'obtention de six des neuf premiers brevets de PC (Personal Computer) d'IBM, témoignant de son impact profond sur le développement des ordinateurs. Parmi ses contributions les plus remarquables, on trouve l'invention de l'adaptateur graphique couleur, qui a permis l'affichage couleur sur les PC, et la co-invention du bus système ISA, un élément fondamental dans l'évolution des PC.

De plus, Dean a dirigé la conception des PC d'IBM, contribuant significativement à la création du premier ordinateur personnel. Sa vision a conduit à des innovations qui ont redéfini l'utilisation et la fonctionnalité des ordinateurs dans la vie quotidienne et professionnelle. En tant que vice-président de la recherche sur les systèmes au Watson Research Center, il a également joué un rôle dans le développement de l'architecture de base du superordinateur Blue Gene d'IBM.

Chaque innovation de Dean a marqué un pas en avant dans l'évolution de la technologie informatique, prouvant son talent exceptionnel et sa capacité à transformer des idées en réalités tangibles et influentes.

Vision de l'Ordinateur du Futur par Mark Dean

La vision de Mark Dean pour l'avenir de l'informatique dépasse largement les avancées qu'il a déjà réalisées. Son travail chez IBM a toujours été guidé par une anticipation des besoins futurs et des tendances technologiques. Dean a envisagé un monde où l'informatique serait intégrée de manière transparente dans tous les aspects de la vie quotidienne, rendant les technologies plus intuitives, accessibles et utiles. Il a souligné l'importance de la convergence entre les ordinateurs et les téléphones cellulaires, prévoyant une ère où ces appareils deviendraient centraux dans notre quotidien. Sa vision comprenait également l'amélioration de la gestion des ressources mondiales grâce à l'informatique avancée, comme l'optimisation des réseaux d'électricité et l'exploitation plus efficace des systèmes de données. Dean a envisagé un avenir où la technologie, guidée par l'innovation et l'accessibilité, jouerait un rôle clé dans la création d'un monde plus égalitaire et efficace.

Impact et Héritage

Mark Dean a laissé une empreinte indélébile dans le monde de l'informatique, caractérisée par un mélange de percées technologiques et d'engagement envers le progrès social. Son travail chez IBM a été couronné par de multiples distinctions, dont son intronisation au *National Inventors Hall of Fame*. Dean a été un pionnier non seulement en termes d'innovation technologique, mais aussi en tant que modèle pour les futurs ingénieurs, en particulier dans la communauté afro-américaine. L'héritage de Dean transcende ses inventions ; il a contribué à façonner la manière dont la technologie interagit et améliore notre quotidien, tout en ouvrant la voie à des générations futures d'innovateurs.

Conclusion

Le parcours de Mark Dean chez IBM, marqué par des innovations révolutionnaires, s'est étendu bien au-delà du monde de l'informatique pour toucher profondément la société. En tant que pionnier afro-américain dans le domaine technologique, Dean a non seulement redéfini l'approche de l'informatique mais a également servi de modèle inspirant pour la communauté noire. Son héritage est un puissant témoignage de l'impact que la passion, l'innovation et la détermination peuvent avoir, ouvrant la voie à des générations futures d'ingénieurs et d'innovateurs, tout en promouvant la diversité et l'inclusion dans les sciences et la technologie.

Chapitre III : Garrett A. Morgan - Un Inventeur Visionnaire

Introduction

L'histoire de l'innovation et de l'invention est jalonnée de figures exceptionnelles qui ont laissé leur empreinte sur le monde par leurs créations ingénieuses. Parmi ces esprits visionnaires, **Garrett A. Morgan** se distingue comme un inventeur dont le génie a contribué à façonner le cours de l'histoire.

Né le 4 mars 1877 à Paris, Kentucky, et décédé le 27 juillet 1963 à Cleveland, Ohio, **Garrett A. Morgan** est bien plus qu'une simple figure de l'invention. Il incarne la persévérance, la créativité et l'engagement envers la sécurité et le progrès de la société.

Ce chapitre nous plongera dans la vie fascinante de Garrett A. Morgan, depuis son humble enfance et son éducation limitée jusqu'à sa montée en tant qu'inventeur prolifique et visionnaire. Nous explorerons ses inventions révolutionnaires, notamment le *Safety Hood* and *Smoke Protector*, qui a sauvé des vies et changé la façon dont nous envisageons la sécurité. Nous évoquerons également son acte héroïque lors de l'explosion du tunnel de Cleveland en 1916, qui lui a valu une reconnaissance nationale.

Outre ses inventions, son engagement social et son activisme en faveur de la communauté afro-américaine, ainsi que la création du journal "The Cleveland Call" illustrent son dévouement envers le progrès social et l'égalité. Enfin, nous examinerons l'héritage et l'impact durable de ses inventions sur notre vie quotidienne.

Bienvenue dans le monde de Garrett A. Morgan, un homme qui a non seulement ouvert la voie à de nouvelles technologies, mais a également inspiré les générations futures à innover, à persévérer et à contribuer au bien-être de la société.

Enfance et éducation limitée

L'histoire de **Garrett Augustus Morgan** commence dans la petite ville de Paris, Kentucky, où il naît le 4 mars 1877. Il est le fils de Sydney et Elizabeth Morgan, et il est né dans une famille afro-américaine modeste. Dès le début de sa vie, Garrett fait face à des défis qui façonneront son destin. Son accès à l'éducation est limité, et il quitte l'école à l'âge de 14 ans, après avoir atteint seulement la cinquième année.

Ce départ précoce de l'éducation formelle ne signifie pas pour lui la fin de l'apprentissage. Au contraire, il va poursuivre son éducation d'une manière différente, en s'immergeant dans le monde réel du travail et de l'entrepreneuriat. C'est à Cincinnati, Ohio, qu'il commence son parcours professionnel, travaillant comme homme à tout faire pour gagner sa vie.

Sa jeunesse marquée par la persévérance et la détermination deviendra le socle sur lequel il construira sa carrière d'inventeur exceptionnel. Il ne se laissera pas limiter par des circonstances modestes, et il entreprendra un voyage extraordinaire qui le mènera à des réalisations qui changeront le monde.

La suite de sa vie réserve bien des surprises et des accomplissements. Restez avec nous pour explorer le parcours inspirant de Garrett A. Morgan, un homme dont la créativité et la vision ont brisé les barrières de la limitation.

Déplacement à Cleveland et lancement de sa carrière

Après avoir quitté Cincinnati, Garrett s'installe à Cleveland, Ohio, en 1895. Cette décision marque un tournant dans sa vie, car c'est à Cleveland qu'il va véritablement commencer à façonner sa carrière.

Lors de ses débuts dans la ville, il travaille comme mécanicien de machines à coudre. Ce métier lui donne l'occasion d'acquérir des compétences techniques et une compréhension approfondie des machines, ce qui s'avérera précieux pour ses futures inventions.

Mais la véritable innovation vient lorsqu'il développe sa première invention notable, une **attache de ceinture pour machines à coudre**, en 1901. Cette invention marque le début de sa carrière d'inventeur et démontre sa capacité à résoudre des problèmes techniques.

En 1907, il franchit une étape importante en ouvrant sa propre entreprise de vente et de service de machines à coudre. Cette entreprise lui permet de mettre en pratique son expertise et de développer davantage son esprit entrepreneurial.

L'année 1909 marque un autre tournant dans sa carrière lorsqu'il décide de s'aventurer dans le domaine de la couture. C'est le début de son exploration dans l'industrie textile, où il continuera à innover et à apporter des solutions novatrices.

Son histoire est un exemple fascinant de persévérance, de créativité et d'adaptabilité. Sa capacité à saisir les opportunités et à relever les défis techniques sera mise en évidence tout au long de sa vie. Rejoignez-nous pour découvrir la suite de son parcours extraordinaire.

Première invention : un fermoir à sangle pour machines à coudre

En 1901, Garrett A. Morgan a réalisé sa première invention significative : un fermoir à sangle destiné aux machines à coudre. Cette invention est rapidement devenue un succès commercial et a marqué le début de sa réputation en tant qu'inventeur innovant.

Le fermoir à sangle résolvait un problème commun avec les machines à coudre de l'époque : les sangles des machines avaient tendance à se desserrer pendant le fonctionnement, ce qui entraînait des interruptions constantes pour les réajuster. Morgan a conçu un mécanisme de fermeture solide et fiable qui maintenait la sangle en place, permettant ainsi aux couturières de travailler de manière plus efficace.

Cette invention a attiré l'attention de l'industrie de la couture, et Morgan a commencé à vendre ses fermoirs à sangle avec succès. Cela lui a non seulement apporté une source de revenus, mais a également renforcé sa confiance en tant qu'inventeur.

La création du fermoir à sangle pour machines à coudre a été le premier signe de la capacité de Morgan à identifier des problèmes dans des domaines divers, à concevoir des solutions novatrices et à les mettre en œuvre avec succès sur le marché. C'était le début d'une série d'inventions qui allaient changer le monde et marquer l'histoire de la technologie.

La suite de sa vie est marquée par d'autres inventions remarquables, dont certaines ont eu un impact considérable sur la sécurité et la vie quotidienne. Continuez à lire pour découvrir ces innovations et leur importance.

Création de la Crème de Raffinage pour cheveux

En plus de ses talents d'inventeur, Garrett A. Morgan était également un homme d'affaires visionnaire. En 1913, il fonde la "**G. A. Morgan Hair Refining Company**" et lancé un produit novateur appelé la "Crème de Raffinage pour cheveux" (G. A. Morgan Hair Refining Cream). Cette invention allait devenir un élément clé de sa réussite financière.

La Crème de Raffinage pour cheveux de Morgan était conçue pour lisser et adoucir les cheveux crépus, en particulier les cheveux afro-américains. À une époque où les produits capillaires disponibles étaient limités, sa crème a révolutionné l'industrie de la coiffure. Elle est rapidement devenue populaire parmi les communautés afro-américaines, offrant une solution efficace pour traiter et coiffer les cheveux.

La création de cette entreprise et de ce produit a démontré la diversité des talents de Morgan, passant de l'invention mécanique à la création de produits de beauté. La Crème de Raffinage pour cheveux a été un succès commercial, générant des revenus qui lui ont permis de financer ses futures inventions et entreprises.

Sa polyvalence en tant qu'inventeur et homme d'affaires allait encore se manifester dans les années à venir avec la création de ses inventions les plus célèbres, dont le "**Safety Hood and Smoke Protector**" et les **feux de circulation automatique**. Ces innovations ont eu un impact profond sur la sécurité publique et la régulation du trafic routier, marquant ainsi l'empreinte durable de Morgan dans l'histoire.

La suite de cette biographie explorera en détail ces inventions révolutionnaires et les moments marquants de la vie de Garrett A. Morgan. Continuez à lire pour en savoir plus sur ses contributions exceptionnelles à la société.

Les feux de circulations

Garrett Morgan, un inventeur visionnaire, est l'homme qui a inscrit son nom de manière indélébile dans l'histoire de la sécurité routière en créant les **feux de circulation**, une invention dont l'indispensabilité n'est plus à démontrer, allait transformer la manière dont nous naviguons dans nos villes et sur nos routes. En 1923, il a obtenu un brevet pour son dispositif révolutionnaire, une idée simple en apparence, mais qui allait changer la vie de millions de personnes à travers le monde.

Les feux de circulation étaient une réponse ingénieuse à un problème croissant de l'époque : la congestion routière et les accidents de la route de plus en plus fréquents. Morgan a conçu un système de signalisation basé sur des signaux lumineux, permettant de réguler le flux des véhicules à travers les intersections. Ce système a immédiatement prouvé son efficacité en réduisant de manière significative les collisions et les embouteillages.

L'utilité des feux de circulation ne s'est pas limitée à la prévention des accidents. Ils ont également apporté une nouvelle dimension à la planification urbaine, en facilitant la gestion du trafic dans les zones densément peuplées. Les feux de circulation ont permis aux conducteurs de se déplacer en toute sécurité, tout en offrant aux piétons un moyen fiable de traverser les rues, améliorant ainsi la cohabitation dans l'espace public.

Le Safety Hood and Smoke Protector

Ses inventions les plus remarquables sont le "Safety Hood and Smoke Protector" (Casque de sécurité et protecteur contre la fumée), souvent simplement appelé le "Safety Hood". Morgan a commencé à travailler sur cette invention en 1912, et elle allait devenir un dispositif crucial pour la sécurité des travailleurs et des secouristes.

Le "Safety Hood and Smoke Protector" est un terme anglais qui peut être traduit en français comme "Masque de sécurité et protecteur contre la fumée". Il s'agit de l'invention de Garrett A. Morgan, un dispositif qui permettait aux personnes de respirer dans des environnements remplis de fumée ou de gaz toxiques. Le "Safety Hood" était une cagoule ou un masque qui couvrait la tête de l'utilisateur et qui était connecté à un tube descendant jusqu'au sol. Ce tube permettait de respirer de l'air pur situé près du sol, tandis que la fumée et les gaz plus nocifs avaient tendance à s'élever. Le dispositif incluait également un système de filtration pour purifier l'air inhalé.

Ce dispositif était particulièrement utile pour les pompiers et les personnes intervenant dans des situations d'urgence où la fumée ou les gaz toxiques étaient présents. Le "Safety Hood" a été utilisé avec succès lors de l'explosion du tunnel de Cleveland en 1916, sauvant ainsi de nombreuses vies.

Le Safety Hood avait pour objectif de protéger les personnes travaillant dans des environnements dangereux, notamment les pompiers et les sauveteurs. À l'époque, l'exposition à la fumée toxique était un grave problème lors des incendies et des catastrophes industrielles. Les pompiers et les secouristes étaient souvent confrontés à des conditions de travail extrêmement dangereuses.

L'invention de Morgan se présentait sous la forme d'un casque équipé d'un long tube qui descendait jusqu'au sol. La personne portant le casque pouvait respirer l'air frais situé près du sol, tandis que le tube éloignait la fumée toxique et les gaz nocifs. Le bout du tube était garni d'un matériau absorbant humidifié, ce qui empêchait la fumée de remonter et rafraîchissait l'air.

En 1914, il a obtenu un brevet américain pour son invention (numéro 1 113 675). Ce dispositif a été largement utilisé pendant la Première Guerre mondiale, protégeant les soldats et les travailleurs dans des environnements hostiles. L'efficacité du Safety Hood a été démontrée de manière spectaculaire lors de diverses démonstrations publiques.

L'une des démonstrations les plus célèbres a eu lieu en 1914 lorsqu'une tente a été remplie de fumées toxiques et malodorantes. Garrett A. Morgan, vêtu de son Safety Hood, est entré dans la tente et est resté à l'intérieur pendant une période prolongée sans subir aucun effet néfaste. Cette démonstration a captivé l'attention du public et des autorités.

Le Safety Hood a été acclamé comme une invention révolutionnaire pour la sécurité et a été utilisé dans des situations d'urgence, notamment lors de l'explosion du tunnel de Cleveland en 1916, où Morgan lui-même a joué un rôle héroïque. Cette histoire sera explorée en détail dans la section suivante de cette biographie.

Héros lors de l'Explosion du Tunnel de Cleveland

L'exploit héroïque de Morgan lors de l'explosion du tunnel de Cleveland en 1916 est l'un des moments les plus mémorables de sa vie. Le 24 juillet 1916, une explosion dévastatrice a secoué le tunnel de la caisson numéro cinq de l'usine d'eau de Cleveland. Environ deux douzaines d'hommes ont été piégés à cinq milles sous le lac Érié, à plus de 200 pieds sous la surface.

La situation était critique car le tunnel se remplissait rapidement de fumée, de poussière et de gaz toxiques. Les hommes piégés étaient en danger imminent d'asphyxie et d'intoxication aux gaz. C'est à ce moment que quelqu'un a rappelé l'invention révolutionnaire de Morgan : le Safety Hood.

Morgan a été rapidement appelé sur les lieux de l'explosion, et il est arrivé avec son frère Frank. Ils ont enfilé leurs Safety Hood et sont descendus dans l'obscurité suffocante du tunnel. À une profondeur de plus de 200 pieds, ils ont réussi à rassembler l'un des travailleurs piégés et à remonter à la surface par l'ascenseur du tunnel. Malgré les conditions dangereuses et l'obscurité totale, ils ont effectué ce sauvetage héroïque.

Les frères Morgan ont répété l'opération plusieurs fois, sauvant ainsi plus de vingt vies. Leur acte d'héroïsme a été largement médiatisé, et Morgan a été célébré comme un véritable héros. En reconnaissance de son courage et de sa détermination, la ville de Cleveland lui a décerné une médaille d'or massif sertie de diamants. L'inscription sur la médaille le qualifiait de "notre citoyen le plus honoré et le plus courageux".

De plus, il a été honoré par l'Association internationale des ingénieurs du feu et est devenu membre honoraire de cette association.

L'exploit héroïque lors de l'explosion du tunnel de Cleveland a non seulement sauvé des vies mais a également renforcé sa réputation en tant qu'inventeur et défenseur de la sécurité.

Innovations Additionnelles

Outre son invention révolutionnaire du masque à gaz et du signal d'arrêt automatique, Morgan a continué à apporter des contributions significatives à divers domaines. Voici un aperçu de certaines de ses autres innovations et réalisations notables :

1. Attache à Chapeau pour Femme

Garrett Morgan a développé une attache à chapeau spéciale pour femmes. Bien que cela puisse sembler anodin, cette invention a facilité la fixation des chapeaux et a contribué à la mode de l'époque.

2. Attache à Courroie Ronde

Il a également inventé une attache à courroie ronde qui a trouvé des applications dans l'industrie et les machines, améliorant ainsi l'efficacité de diverses opérations.

Ces inventions témoignent de la polyvalence et de la créativité de Garrett A. Morgan en tant qu'inventeur. Il a exploité son ingéniosité pour résoudre des problèmes variés, qu'il s'agisse de sécurité, de mode ou d'ingénierie mécanique.

La prochaine section abordera l'engagement social et l'activisme de Garrett A. Morgan, mettant en lumière son soutien à la communauté afro-américaine et ses contributions à la société dans son ensemble.

Engagement Social et Activisme

En plus de ses réalisations en tant qu'inventeur, Garrett A. Morgan était un homme engagé socialement et un activiste dévoué. Il a consacré une grande partie de sa vie à soutenir sa communauté afro-américaine et à lutter pour l'égalité et les droits civils. Voici quelques-uns des aspects les plus marquants de son engagement social et de son activisme :

1. Création du journal afro-américain "The Cleveland Call"

Dans les années 1920, Garrett A. Morgan était mécontent de la façon dont les événements concernant les Noirs à Cleveland étaient couverts par les médias traditionnels. Pour remédier à cette lacune, il a lancé "The Cleveland Call," un journal afro-américain qui visait à donner une voix à la communauté noire et à mettre en lumière ses préoccupations, ses réalisations et ses défis. Le journal était publié à Cleveland, Cincinnati et Columbus, dans l'Ohio, et jouissait d'une grande diffusion.

2. Soutien aux droits civils

Morgan a été un fervent défenseur des droits civils et de l'égalité raciale. Il a utilisé sa notoriété et sa plateforme médiatique pour sensibiliser aux questions de discrimination et d'injustice raciale. Son influence en tant qu'inventeur à succès lui a permis de faire passer des messages importants sur la nécessité de l'égalité des droits pour tous les citoyens américains.

3. Contributions à la société

En plus de son engagement médiatique et politique, Garrett A. Morgan a apporté des contributions tangibles à la société. Ses inventions, notamment le masque à gaz et le signal d'arrêt automatique, ont amélioré la sécurité publique et la vie quotidienne de nombreuses personnes. Il a fait preuve de détermination à résoudre des problèmes concrets et à créer un impact positif.

Le prochain point abordera l'héritage et l'impact durable de Garrett A. Morgan, en mettant en évidence la manière dont ses inventions ont influencé la sécurité et la technologie.

Héritage et Impact

L'héritage de Garrett A. Morgan réside dans l'impact profond et durable de ses inventions sur la société et la technologie. Voici comment il a influencé le monde qui l'entoure :

1. Conséquences de ses inventions dans la vie quotidienne

Les inventions de Garrett A. Morgan, notamment le masque à gaz et le signal d'arrêt automatique, ont eu un impact direct sur la vie quotidienne des gens. Le masque à gaz a sauvé des vies pendant la Première Guerre mondiale en protégeant les travailleurs et les soldats des gaz toxiques. Le signal d'arrêt automatique a amélioré la sécurité routière en régulant la circulation aux intersections, ce qui est devenu la norme dans le monde entier.

2. Influence durable sur la sécurité et la technologie

L'influence de Morgan sur la sécurité et la technologie perdure encore aujourd'hui. Les concepts de sécurité qu'il a introduits dans ses inventions ont jeté les bases de normes de sécurité modernes dans de nombreux domaines. Son travail a inspiré d'autres inventeurs et ingénieurs à développer des dispositifs similaires et à continuer à améliorer la sécurité publique.

3. Héros de la communauté afro-américaine

Garrett A. Morgan est devenu un modèle et un héros au sein de la communauté afro-américaine. Sa réussite en tant qu'inventeur et son engagement social ont inspiré de nombreuses générations à poursuivre leurs rêves, à lutter pour l'égalité et à contribuer positivement à la société.

4. Reconnaissance internationale

En reconnaissance de ses contributions, Garrett A. Morgan a reçu de nombreuses récompenses et honneurs tout au long de sa vie. Son nom est devenu synonyme d'innovation et de sécurité, et il est considéré comme l'un des inventeurs les plus importants du 20e siècle.

En conclusion, Garrett A. Morgan est incontestablement l'un des inventeurs les plus visionnaires de son époque, dont les réalisations ont eu un impact considérable sur la société et la technologie. Malgré son éducation limitée et les défis auxquels il a été confronté en raison de sa race, il a réussi à apporter des innovations significatives qui ont sauvé des vies et amélioré la vie quotidienne de millions de personnes.

Son invention emblématique, le masque à gaz, a été cruciale pendant la Première Guerre mondiale pour protéger les soldats et les travailleurs des gaz toxiques. De plus, son signal d'arrêt automatique a révolutionné la sécurité routière en régulant la circulation aux intersections, ce qui est devenu une norme internationale.

Il a également été un modèle pour la communauté afro-américaine, démontrant que la persévérance et l'innovation peuvent surmonter les obstacles. Son engagement social et sa contribution au journalisme afro-américain montrent son dévouement envers l'amélioration de la condition de sa communauté.

En fin de compte, l'héritage de Garrett A. Morgan se manifeste toujours dans notre vie quotidienne à travers les normes de sécurité et la technologie que nous utilisons. Il restera à jamais dans l'histoire en tant qu'inventeur visionnaire qui a fait du monde un endroit plus sûr et plus efficace pour tous.

CHAPITRE IV : MARIAN R. CROAK

Introduction

Marian R. Croak est une figure incontournable de l'industrie technologique moderne, dont l'impact s'étend bien au-delà de ses réalisations professionnelles. Pionnière de la technologie Voice over Internet Protocol (VoIP), elle a révolutionné la manière dont nous communiquons, que ce soit pour le travail à distance, les conférences en ligne ou les conversations personnelles. Mais elle est bien plus qu'une ingénieure talentueuse. Elle incarne la persévérance, l'innovation et l'engagement social.

Née en 1955 à New York, Marian Croak a rapidement montré un intérêt pour les sciences, encouragée par son père qui lui a construit un ensemble de chimie à domicile. Cette étincelle précoce a allumé sa passion pour les STEM (Science, Technology, Engineering, and Mathematics), la lançant ainsi dans un parcours exceptionnel.

Ce chapitre explorera en détail la vie et la carrière de Marian R. Croak, depuis ses débuts dans le domaine de la recherche jusqu'à son rôle actuel en tant que vice-présidente de l'ingénierie chez Google. Nous découvrirons comment elle a contribué à façonner la technologie VoIP, permettant ainsi les appels via Internet, et comment ses innovations ont eu un impact significatif sur notre quotidien.

Au-delà de ses réalisations techniques, nous examinerons également son engagement en faveur de la justice raciale, de la diversité dans le domaine de l'ingénierie et de l'encouragement des femmes et des jeunes filles à poursuivre des carrières STEM. Son influence dépasse largement le domaine de la technologie, faisant d'elle une source d'inspiration pour les générations futures.

Rejoignez-nous pour un voyage captivant à travers la vie et les réalisations de Marian R. Croak, une femme qui a marqué l'histoire de la technologie et continue de la façonner aujourd'hui.

Biographie :

Formation et début de carrière

La formation et les premières étapes de sa carrière sont marquées par son engagement précoce dans les domaines des sciences et de la technologie. Voici un aperçu de cette période cruciale de sa vie :

Naissance et enfance

Marian Rogers Croak est née le 14 mai 1955 à New York. Dès son plus jeune âge, elle a montré un intérêt marqué pour les sciences, en grande partie grâce à l'influence de son père, qui lui a offert un ensemble de chimie à domicile. Cet environnement stimulant a nourri sa curiosité et jeté les bases de sa future carrière dans les STEM (Science, Technology, Engineering, and Mathematics).

Éducation à l'université de Princeton

Après avoir obtenu son diplôme d'études secondaires, elle poursuit ses études à l'Université de Princeton, où elle a décroché son baccalauréat en 1977. Cette période a été déterminante pour sa formation académique, jetant les bases de sa compréhension des sciences et de la technologie.

Doctorat en analyse quantitative et psychologie

La poursuite de sa quête de connaissances l'a conduite à l'Université de Californie du Sud, où elle a obtenu un doctorat en analyse quantitative et psychologie en 1982. Cette formation approfondie lui a fourni les compétences analytiques essentielles qui allaient devenir un atout majeur dans sa carrière ultérieure.

Début de carrière chez AT&T Bell laboratories

Après avoir terminé ses études, Marian Croak a rejoint AT&T Bell Laboratories en 1982. Sa première affectation a été au sein de la division d'étude des facteurs humains de Bell, où elle a entrepris des recherches pour comprendre comment la technologie pouvait avoir un impact positif sur la vie des individus. Cette phase initiale de sa carrière a jeté les bases de sa vision future de l'innovation technologique centrée sur l'humain.

Dans la prochaine section, nous explorerons en détail son parcours professionnel chez AT&T Bell Laboratories, ainsi que son rôle pionnier dans le développement de la technologie Voice over Internet Protocol (VoIP).

Carrière chez AT&T Bell laboratories et l'avènement de la VoIP

La carrière de Marian Croak chez AT&T Bell Laboratories est marquée par des avancées technologiques significatives, notamment dans le domaine de la communication numérique. Voici un aperçu de ses réalisations notables pendant cette période :

Début de la carrière chez AT&T Bell laboratories

Après avoir rejoint AT&T Bell Laboratories en 1982, elle s'est engagée dans des recherches novatrices visant à comprendre comment la technologie pourrait améliorer la vie quotidienne des individus. Cette vision centrée sur l'humain a été à l'origine de nombreuses innovations à venir.

Pionnière de la communication numérique

Marian Croak a rapidement commencé à explorer les applications de la messagerie numérique. À cette époque, la première forme d'Internet n'était pas encore pleinement réalisée, mais elle et son équipe envisageaient l'envoi de données vocales, textuelles et vidéo par voie numérique, plutôt que d'utiliser les lignes téléphoniques traditionnelles. Cette vision a jeté les bases de la communication numérique telle que nous la connaissons aujourd'hui.

Adoption du protocole TCP/IP

L'une des contributions majeures de Marian et de son équipe a été de convaincre AT&T d'adopter le protocole TCP/IP pour la transmission de données numériques. Cette décision stratégique a permis de standardiser la manière de regrouper et de communiquer les informations numériques, ouvrant ainsi la voie à une nouvelle ère de communication.

Avancement de la technologie VoIP

L'une de ses réalisations les plus notables chez AT&T a été son travail sur les technologies Voice over Internet Protocol (VoIP). Elle a contribué à convertir les données vocales en signaux numériques, permettant ainsi de transmettre facilement la voix sur Internet au lieu d'utiliser des lignes téléphoniques traditionnelles. Cette avancée a révolutionné les capacités de l'audioconférence et de la vidéoconférence, ouvrant la voie à des formes de communication plus avancées.

Innovation caritative : Dons par SMS

En plus de ses contributions techniques, elle a breveté la technologie qui permettait aux utilisateurs de téléphones portables de faire des dons à des organisations caritatives via des messages texte. Cette technologie a joué un rôle crucial dans la collecte de fonds pour des causes humanitaires, notamment après des catastrophes naturelles telles que l'ouragan Katrina et le tremblement de terre en Haïti.

Dans la section suivante, nous explorerons davantage ses réalisations, y compris ses brevets et ses contributions à la technologie VoIP.

Brevets et contributions majeures

Pendant sa carrière remarquable, elle a obtenu un grand nombre de brevets, démontrant ainsi sa capacité à innover et à créer des technologies de pointe. Voici un aperçu de ses brevets les plus importants et de leurs impacts :

Brevets VoIP

Marian Croak est particulièrement connue pour ses contributions à la technologie Voice over Internet Protocol (VoIP). Elle a obtenu plus de 200 brevets au cours de sa carrière, dont près de la moitié sont liés à la VoIP. Son brevet le plus notable est le "***VoIP Technology US Patent No. 7,599,359 Method and device for monitoring end-to-end performance in a network***." Cette technologie a révolutionné la manière dont les appels vocaux sont transmis via Internet, assurant une qualité et une fiabilité élevées. Aujourd'hui, la VoIP est essentielle pour les communications à distance et personnelles.

Texte à des dons caritatifs

L'une de ses innovations les plus marquantes a été la création d'un système de dons caritatifs par SMS. Après l'ouragan Katrina en 2005, cette technologie a permis de collecter 130 000 dollars en fonds de secours. De manière encore plus impressionnante, après le tremblement de terre en Haïti en 2010, plus de 43 millions de dollars ont été collectés grâce à cette technologie. Il s'agit d'un exemple concret de la manière dont la technologie peut être utilisée pour soutenir des causes humanitaires.

Autres brevets

En plus de ses brevets liés à la VoIP et aux dons caritatifs, elle a obtenu d'autres brevets innovants au cours de sa carrière. Ces brevets ont contribué à façonner les réseaux numériques que nous utilisons aujourd'hui et ont ouvert la voie à de nouvelles formes de communication.

Marian Croak chez Google et l'IA responsable

En 2014, Marian Croak a rejoint Google en tant que vice-présidente de l'ingénierie. Chez Google, elle a continué à jouer un rôle de premier plan dans le domaine de la technologie et de l'innovation. Voici quelques-unes de ses initiatives et de ses contributions majeures chez Google :

Extension de l'accès à internet

L'une de ses missions chez Google a été d'étendre l'accès à Internet dans les pays en développement. Elle a travaillé sur des projets visant à fournir une connectivité Internet fiable et abordable à des régions du monde qui en étaient dépourvues. Cela a eu un impact significatif en permettant à davantage de personnes d'accéder aux ressources en ligne et de participer à l'économie numérique mondiale.

Centre d'expertise sur l'IA responsable

Marian Croak a créé un nouveau centre d'expertise sur l'intelligence artificielle responsable au sein de Google Research. Cette initiative témoigne de son engagement envers des pratiques d'IA éthiques et équitables. Le centre travaille sur des questions cruciales telles que la transparence, la responsabilité et la justice dans le développement et l'utilisation de l'IA.

Justice raciale

En plus de son travail technologique, elle s'est également impliquée dans les efforts de justice raciale chez Google. Elle a utilisé sa position pour promouvoir la diversité et l'inclusion au sein de l'entreprise et pour lutter contre les inégalités raciales dans le secteur de la technologie.

Promotion des femmes dans l'ingénierie

Marian Croak continue de soutenir et d'encourager les femmes et les jeunes filles à poursuivre des carrières dans l'ingénierie. Elle a servi de modèle et de mentore pour de nombreuses personnes cherchant à faire leur place dans le domaine technologique.

Distinctions et reconnaissances

Marian a reçu de nombreuses distinctions et reconnaissances tout au long de sa carrière en tant qu'informaticienne et cadre dirigeante. Ces honneurs reflètent ses contributions exceptionnelles à la technologie et à la société. Voici quelques-unes des distinctions les plus notables qu'elle a reçues :

Women in technology hall of fame (2013)

En 2013, elle a été intronisée au ***Women in Technology International Hall of Fame***. Cette reconnaissance célèbre les réalisations exceptionnelles des femmes dans le domaine de la technologie. Elle a été honorée pour ses contributions majeures à la VoIP (Voice over Internet Protocol) et à d'autres avancées technologiques.

National inventors hall of fame (2022)

En 2022, Marian Croak a été intronisée au National Inventors Hall of Fame pour son brevet concernant la technologie VoIP (Voice over Internet Protocol). Cette distinction est l'une des plus prestigieuses dans le domaine de l'invention et de l'innovation. Elle reconnaît l'impact durable de la technologie VoIP sur les communications modernes.

Académie américaine des arts et des sciences (2022)

Marian Croak a été élue membre de l'Académie américaine des arts et des sciences en 2022. Cette académie prestigieuse regroupe des chercheurs éminents et des leaders intellectuels du monde entier. L'adhésion à cette académie témoigne de sa contribution exceptionnelle à la recherche et à l'innovation.

Ces distinctions soulignent l'importance des réalisations de Marian Croak dans le domaine de la technologie, en particulier dans le domaine de la VoIP, ainsi que son engagement en faveur de l'éthique et de la diversité dans le secteur de la technologie. Elles témoignent également de son influence en tant que modèle et mentore pour les personnes aspirant à des carrières dans les STEM (sciences, technologie, ingénierie et mathématiques).

Dans la section suivante, nous explorerons brièvement sa vie personnelle et son impact en dehors du domaine technologique. Si vous avez d'autres domaines spécifiques que vous aimeriez aborder, n'hésitez pas à le préciser.

Vie personnelle et engagement communautaire

En plus de ses réalisations professionnelles remarquables, Marian Croak a également joué un rôle actif dans la communauté et s'est engagée dans des causes importantes. Voici quelques aspects de sa vie personnelle et de son engagement communautaire :

Influence de son père et inspiration pour les STEM

Marian Croak a été influencée par son père, qui lui a construit un ensemble de chimie à domicile. Cette expérience a éveillé son intérêt pour les sciences, la technologie, l'ingénierie et les mathématiques (STEM). Son père a joué un rôle clé en l'inspirant à poursuivre une carrière dans ces domaines.

Encouragement des femmes dans l'ingénierie

Marian Croak s'efforce d'encourager les femmes et les jeunes filles à poursuivre des carrières dans l'ingénierie et les STEM. Son propre parcours exceptionnel sert de modèle inspirant pour les femmes aspirant à des postes de leadership dans le domaine technologique. Elle a également joué un rôle dans la promotion de la diversité et de l'équité dans le secteur technologique.

Contributions humanitaires

Une partie de sa carrière chez AT&T a été marquée par des contributions humanitaires importantes. Elle a été à l'origine de la technologie de dons par SMS, qui a permis de collecter des fonds pour des organisations caritatives lors de catastrophes naturelles telles que l'ouragan Katrina et le tremblement de terre en Haïti. Ces contributions ont eu un impact significatif sur la façon dont les gens font des dons et soutiennent des causes importantes.

Implication dans des organisations communautaires

Marian a été membre du conseil d'administration de plusieurs organisations, dont ***l'Alliance for Telecommunications Industry Solutions***, Catalyst, le musée de l'Holocauste et des Droits de l'Homme (New Jersey) et le Conseil national d'action pour les minorités en ingénierie. Son engagement dans ces organisations témoigne de son dévouement envers des questions sociales et communautaires.

Sa vie personnelle et son engagement communautaire complètent son impressionnant parcours professionnel. Elle incarne la notion de responsabilité sociale et s'efforce de faire une différence positive dans la vie des autres, tant sur le plan technologique que social.

Conclusion sur l'importance de Marian R. Croak en tant qu'informaticienne et innovatrice

La carrière de Marian R. Croak est une histoire de réalisations exceptionnelles dans le domaine de la technologie, de l'innovation et de l'engagement communautaire. En tant qu'informaticienne de renom et cadre dirigeante, elle a laissé une empreinte indélébile sur le monde de la communication numérique, notamment grâce à ses contributions révolutionnaires à la technologie **VoIP** (**Vo**ice over **I**nternet **P**rotocol). Voici quelques points clés qui soulignent l'importance de Marian R. Croak :

1. Pionnière de la VoIP

Elle est largement reconnue comme l'une des pionnières de la technologie VoIP. Son travail a ouvert la voie à la communication vocale sur Internet, remplaçant les lignes téléphoniques traditionnelles par des communications numériques plus efficaces. La VoIP est aujourd'hui essentielle pour les communications à distance, le travail en ligne et les vidéoconférences.

2. Innovatrice en donations par SMS

Son invention de la technologie de dons par SMS a révolutionné la collecte de fonds pour des causes humanitaires. Cette innovation a permis de collecter des millions de dollars pour des organisations caritatives lors de catastrophes naturelles, montrant ainsi comment la technologie peut avoir un impact positif sur la société.

3. Mentorat et engagement communautaire

En plus d'être une technologue accomplie, elle défend également l'équité et de la diversité dans le secteur technologique. Son engagement à encourager les femmes et les jeunes filles à poursuivre des carrières dans les STEM est un exemple de son leadership inspirant. De plus, son implication dans des organisations communautaires démontre son engagement envers des causes sociales importantes.

4. Reconnaissance et héritage

Son travail exceptionnel a été récompensé par de nombreuses distinctions, dont son intronisation au National Inventors Hall of Fame en 2022. Elle a également été élue membre de l'Académie américaine des arts et des sciences. Son héritage perdurera grâce à ses nombreuses innovations et à son impact sur l'industrie des technologies de l'information.

En conclusion, Marian R. Croak est une figure emblématique de l'innovation technologique et de l'engagement communautaire. Son influence sur la communication numérique et sa volonté de promouvoir l'équité et la diversité font d'elle une source d'inspiration pour les générations futures. Elle incarne l'idée que la technologie peut être utilisée pour résoudre des problèmes du monde réel et améliorer la vie des individus.

Chapitre V : Alice H. Parker - Pionnière du Chauffage Moderne

Introduction

Comment vous tenez-vous au chaud cet hiver ? Avec un chauffage d'appoint ? Une couverture pondérée ? Quelle que soit votre méthode, vous pouvez remercier une pionnière afro-américaine, Alice H. Parker.

Présentation de l'inventrice Alice H. Parker

Alice H. Parker était une inventrice afro-américaine dont l'impact sur l'histoire du chauffage est souvent méconnu. Née en 1895 à Morristown, dans le New Jersey, elle a laissé un héritage durable grâce à son invention révolutionnaire dans le domaine du chauffage domestique.

Malheureusement, peu d'informations sont disponibles sur sa vie personnelle en raison du manque de documentation de l'époque concernant les femmes, en particulier les femmes de couleur. Cependant, nous savons qu'elle a fait preuve de persévérance et d'ingéniosité pour créer une innovation qui allait changer la vie de nombreuses personnes.

Dans la prochaine section, nous explorerons davantage ses origines et sa formation à l'Université Howard, qui ont jeté les bases de son incroyable contribution à l'histoire du chauffage.

Les origines de Parker

Alice H. Parker est née en 1895 à Morristown, dans le New Jersey. Cette ville se trouve à environ 40 miles à l'est de New York. Ses origines familiales et ses premières années de vie demeurent relativement mystérieuses en raison du manque de documentation de l'époque.

Cependant, il est important de noter que Parker est née dans un contexte où les opportunités pour les femmes afro-américaines étaient limitées. Malgré ces défis, elle allait devenir une pionnière dans le domaine de l'invention et laisser une marque indélébile dans l'histoire.

Sa formation à l'Université Howard

Alice H. Parker a suivi une formation à **l'Université Howard Academy** au début des années 1900. Cette institution, associée à l'Université Howard, était une école secondaire qui acceptait des étudiants de sexe masculin et féminin depuis sa fondation en novembre 1866, peu de temps après la fin de la guerre civile.

Le fait qu'elle ait pu poursuivre des études supérieures à l'Université Howard Academy en tant que femme afro-américaine était en soi une réalisation remarquable à l'époque. Elle a obtenu son diplôme avec les honneurs en 1910.

L'éducation qu'elle a reçue à l'Université Howard a joué un rôle essentiel dans sa capacité à concevoir et à développer son invention révolutionnaire dans le domaine du chauffage. Passons maintenant à la section suivante, qui abordera cette invention en détail.

L'Invention Révolutionnaire

Le contexte du chauffage au début du XXe siècle

Au début du XXe siècle, le chauffage domestique était très différent de ce que nous connaissons aujourd'hui. Les méthodes de chauffage les plus courantes étaient encore basées sur la combustion de charbon ou de bois, et la chaleur était souvent distribuée de manière inégale dans les bâtiments. Les maisons étaient chauffées par des cheminées, des poêles à bois ou des poêles à charbon, ce qui nécessitait un travail considérable pour entretenir le feu, ainsi que des risques liés aux incendies et à la sécurité.

L'idée de Parker : un chauffage au gaz novateur

Alice H. Parker a eu une idée révolutionnaire pour améliorer cette situation. Elle a conçu le premier système de chauffage au gaz alimenté par le gaz naturel. Ce système innovant a introduit la notion de chauffage centralisé, qui était encore largement inconnue à l'époque. Ce qui rendait son invention particulièrement unique, c'était l'utilisation de conduits d'air individuellement contrôlés pour distribuer la chaleur de manière uniforme dans un bâtiment. En d'autres termes, Parker a créé une forme de "chauffage par zones", où la température pouvait être régulée dans différentes parties d'un bâtiment.

Les détails techniques de son invention

Son système de chauffage utilisait des unités de brûleurs indépendamment contrôlées qui aspiraient de l'air froid et le faisaient passer à travers un échangeur de chaleur. Cet air était ensuite distribué dans des conduits individuels pour contrôler la quantité de chaleur dans différentes zones. Ce concept de chauffage par zones a jeté les bases des systèmes de chauffage modernes que nous utilisons aujourd'hui, avec des thermostats permettant de régler la température dans chaque pièce.

L'idée d'Alice Parker a contribué à éliminer le risque d'incendies domestiques causés par les appareils de chauffage traditionnels, car elle éliminait le besoin de laisser une cheminée allumée toute la nuit. Avec des modifications pour éliminer les préoccupations en matière de sécurité, son invention a inspiré et ouvert la voie à des fonctionnalités telles que les thermostats, le chauffage par zones et les fours à air pulsé, qui sont des caractéristiques courantes des systèmes de chauffage central moderne.

Impact et Héritage

Comment l'invention de Parker a révolutionné le chauffage domestique

L'invention d'Alice Parker a eu un impact profond sur le chauffage domestique et a ouvert la voie à de nombreuses avancées dans ce domaine. Avant son invention, le chauffage domestique était inefficace, coûteux en temps et en argent, et comportait des risques pour la sécurité. Son système de chauffage au gaz naturel a résolu de nombreux problèmes de chauffage de l'époque.

Tout d'abord, son invention a éliminé la nécessité de stocker et de brûler du bois ou du charbon, ce qui était non seulement coûteux, mais aussi peu pratique. Les propriétaires n'avaient plus à s'inquiéter de l'approvisionnement en combustible et des tracas liés au stockage et à la manipulation de ces matériaux.

De plus, son système de chauffage a permis de chauffer les maisons de manière beaucoup plus efficace que les méthodes précédentes. Le chauffage centralisé, avec des conduits d'air individuellement contrôlés, a rendu possible la régulation de la température dans différentes parties d'un bâtiment, introduisant ainsi le concept de chauffage par zones. Cela signifiait que les gens pouvaient chauffer uniquement les zones de leur maison où ils en avaient besoin, ce qui économisait de l'énergie et de l'argent.

Les avantages et les inconvénients de son système

Cependant, l'invention d'Alice Parker comportait également des inconvénients. Son design initial présentait des risques pour la sécurité, car il rendait certains appareils plus inflammables. De plus, la régulation du flux de chaleur posait des problèmes de sécurité. Cependant, ces inconvénients ont été en grande partie résolus au fil du temps grâce à des modifications et à des améliorations techniques.

L'influence sur les systèmes de chauffage modernes

L'invention d'Alice Parker a jeté les bases des systèmes de chauffage modernes que nous utilisons aujourd'hui. Les thermostats, qui permettent de régler la température à l'intérieur des bâtiments, sont directement issus de son concept de chauffage par zones. Les systèmes de chauffage centralisé, utilisant des conduits d'air pour distribuer la chaleur de manière uniforme, sont devenus la norme dans la construction moderne. De plus, les progrès technologiques ultérieurs ont permis d'améliorer la sécurité et l'efficacité des systèmes de chauffage central.

L'invention d'Alice Parker a également contribué à l'efficacité énergétique des systèmes de chauffage, réduisant ainsi la consommation d'énergie et les coûts pour les consommateurs. Cela a eu un impact positif sur l'environnement en réduisant la consommation de combustibles fossiles pour le chauffage.

Celebration de Parker: les Alice H. Parker Women Leaders in Innovation Awards

Malgré les défis qu'elle a pu rencontrer en tant que femme afro-américaine de son époque, elle a laissé un héritage durable dans le domaine de l'innovation en chauffage. Pour célébrer son importance culturelle et historique, la chambre de commerce du New Jersey a créé les *Alice H. Parker Women Leaders in Innovation Awards*. Ces prix reconnaissent et célèbrent les contributions des femmes à l'innovation, perpétuant ainsi la mémoire d'Alice Parker et son impact sur le monde de l'ingénierie et du chauffage.

Passons maintenant à la section suivante pour explorer les mystères entourant sa vie personnelle ainsi que les défis auxquels elle a été confrontée en tant que femme afro-américaine de son époque.

Mystères et Légendes

Le peu que l'on sait de la vie personnelle de Parker

Sa vie personnelle demeure largement méconnue et entourée de mystère. Peu d'informations ont été consignées sur sa vie en dehors de son invention révolutionnaire. Elle est née en 1895 à Morristown, dans le New Jersey, une petite ville située à environ 40 miles à l'est de New York. Cependant, des détails tels que sa famille, sa vie quotidienne et ses activités en dehors de son travail d'inventrice restent largement inconnus.

Ce manque d'informations sur sa vie personnelle est en partie dû au fait que les femmes, en particulier les femmes de couleur à l'époque, étaient rarement documentées de manière exhaustive. L'histoire a souvent négligé de préserver les détails de la vie de ces figures historiques, se concentrant plutôt sur leurs réalisations professionnelles.

Les défis auxquels elle a été confrontée en tant que femme afro-américaine de son époque

En tant que femme afro-américaine au début du XXe siècle, elle a dû surmonter de nombreux obstacles pour poursuivre sa passion pour l'innovation. À une époque où les femmes étaient souvent découragées de poursuivre des carrières dans les domaines scientifiques et techniques, Parker a réussi à se démarquer grâce à son intelligence et à sa persévérance.

De plus, en tant que femme afro-américaine, elle a dû faire face à la discrimination raciale et au racisme systémique qui étaient malheureusement répandus à l'époque. Malgré ces défis, elle a réussi à obtenir un brevet pour son invention révolutionnaire, ce qui témoigne de sa détermination et de son génie.

En conclusion, Alice H. Parker était une pionnière du chauffage moderne dont l'invention révolutionnaire du système de chauffage au gaz naturel a eu un impact durable sur l'industrie du chauffage domestique. Sa contribution en tant qu'inventrice afro-américaine au début du XXe siècle est d'autant plus remarquable étant donné les obstacles auxquels elle a été confrontée en raison de sa race et de son genre.

Son invention a ouvert la voie à des avancées majeures dans le domaine du chauffage, de la ventilation et de la climatisation (CVC). Son système de chauffage au gaz naturel a non seulement rendu les maisons plus confortables et sécuritaires, mais il a également contribué à la conservation de l'énergie. Les avantages de son innovation sont encore ressentis aujourd'hui dans nos maisons modernes équipées de systèmes de chauffage central.

De plus, Alice H. Parker a laissé un héritage durable à travers les ***Alice H. Parker Women Leaders in Innovation Awards***, qui célèbre les femmes innovatrices dans son État natal du New Jersey. Son histoire nous rappelle l'importance de reconnaître et de célébrer les réalisations des innovateurs souvent oubliés de l'histoire.

Enfin, bien que de nombreuses questions subsistent sur sa vie personnelle et que certaines légendes entourent son histoire, elle demeure une figure inspirante et emblématique de l'innovation américaine. Son esprit inventif et sa détermination ont laissé une empreinte indélébile sur notre vie quotidienne, et son nom restera à jamais associé à l'histoire du chauffage moderne.

Cela conclut notre exploration de la vie et de l'œuvre d'Alice H. Parker, une inventrice exceptionnelle qui a changé la manière dont nous nous tenons au chaud chez nous

Chapitre VI : Granville T. Woods - Le Magicien des Trains Rapides et des Télécommunications

Introduction

Granville Tailer Woods : un nom qui résonne dans l'histoire de l'innovation américaine du XIXe siècle. Cet inventeur afro-américain a laissé une marque indélébile dans les domaines des trains rapides et des télécommunications. Sa vie et ses réalisations illustrent la puissance de la détermination, de l'ingéniosité et de la créativité, même dans un contexte marqué par des obstacles liés à ses origines.

Dans cette section, nous explorerons la vie et les contributions exceptionnelles de Granville Tailer Woods. Nous mettrons en lumière ses réalisations révolutionnaires et leur impact durable sur la société. Mais avant de plonger dans ses inventions innovantes et son héritage, prenons un moment pour découvrir l'homme derrière les découvertes.

Enfance et Éducation

Granville Tailer Woods est né le 23 avril 1856, dans la ville de Columbus, Ohio. Les détails de son lieu de naissance sont parfois sujets à débat, mais la plupart des sources indiquent Columbus, Ohio, comme sa ville natale. Il est né dans une époque marquée par la persistance de la ségrégation raciale et des inégalités sociales aux États-Unis.

Les informations sur les origines familiales de Woods varient, mais il est généralement admis qu'il est issu d'une famille d'Afro-Américains libres, ce qui signifie que sa famille n'était pas esclave en vertu de l'Ordonnance du Nord-Ouest de 1787, qui interdisait l'esclavage dans le territoire qui comprenait l'Ohio. Ses parents sont souvent répertoriés comme étant Tailer et Martha Woods, bien que certaines sources mentionnent Martha J. Brown et Cyrus Woods comme ses parents.

Son éducation est caractérisée par une détermination exceptionnelle à acquérir des connaissances malgré les obstacles auxquels il était confronté. Il a reçu très peu d'éducation formelle pendant son enfance, quittant l'école à l'âge de 10 ans. Cependant, sa soif de savoir l'a poussé à entreprendre un parcours d'apprentissage autodidacte.

Dès son plus jeune âge, Woods a occupé divers emplois, allant de l'apprentissage du métier de machiniste à la forge, en passant par des postes d'ingénieur dans une usine ferroviaire et à bord d'un navire britannique. Son expérience sur le terrain lui a permis d'acquérir des compétences pratiques essentielles, mais il était également conscient que l'éducation formelle serait cruciale pour réaliser ses aspirations dans le domaine de l'ingénierie et de l'électricité.

Vers la fin des années 1870, Woods a déménagé à New York City, où il a suivi des cours d'ingénierie et d'électricité. Cette période a été déterminante pour son développement intellectuel et technique.

Il a compris dès le départ que l'électricité serait la clé du futur, et il s'est engagé à explorer ce domaine émergent.

Son enfance et son éducation ont donc jeté les bases de son parcours exceptionnel en tant qu'inventeur et ingénieur. Sa détermination à apprendre malgré les obstacles socio-économiques et les inégalités raciales a préparé le terrain pour ses réalisations remarquables dans les domaines des trains rapides et des télécommunications.

Inventions Révolutionnaires

L'inventeur Granville Tailer Woods est une figure emblématique de l'innovation américaine du 19e siècle. En tant qu'ingénieur en mécanique et électrique, il a laissé une empreinte indélébile sur le domaine des transports, des télécommunications et de l'électrotechnique. Woods est célèbre pour détenir plus de 50 brevets, ce qui témoigne de son génie inventif.

Le Telegraph Multiplex

L'une des inventions les plus marquantes de Granville Woods est le "Telegraph Multiplex", également connu sous le nom de système de télégraphe multiplex synchrone. En 1887, il révolutionna le domaine des télécommunications en permettant la transmission simultanée de plusieurs signaux vocaux et télégraphiques sur un seul fil. Cette innovation a été d'une importance capitale pour les communications à longue distance, notamment dans le secteur ferroviaire. Elle a permis aux trains en mouvement de communiquer de manière fluide avec les gares et entre eux, améliorant ainsi la sécurité et l'efficacité des voyages.

La "Telegraphony"

En 1885, Granville Woods crée la "Telegraphony", une machine révolutionnaire combinant le téléphone et le télégraphe. Cette invention a été brevetée et les droits ont été vendus à la Bell Telephone Company, ouvrant ainsi la voie à des communications améliorées entre les gares. La "Telegraphony" a joué un rôle essentiel dans la modernisation des systèmes de communication ferroviaire.

L'interrupteur (Commutateur)

En 1889, Woods dévoila un autre dispositif révolutionnaire, l'interrupteur (commutateur) électrique. Cet appareil a permis une gestion plus efficace des circuits électriques, renforçant la sécurité des systèmes électriques, notamment dans les trains. L'interrupteur de Woods a été une avancée majeure pour les voyages en train, réduisant les risques liés à l'électricité.

Sa contribution à l'invention de l'antenne parabolique en 1887

En 1887, Granville T. Woods a marqué une autre avancée majeure en inventant l'antenne parabolique. Cette invention a révolutionné les communications à longue distance, ouvrant la voie à des transmissions plus claires et plus stables. L'antenne parabolique de Woods a été utilisée pour améliorer la réception des signaux radio, notamment dans les systèmes de télégraphie sans fil.

L'une des réalisations les plus remarquables de cette invention a été son utilisation dans les systèmes de communication ferroviaire. Les trains en mouvement pouvaient désormais maintenir une communication fluide avec les gares, ce qui était essentiel pour la sécurité ferroviaire.

Ces trois inventions, le Telegraph Multiplex, l'interrupteur et l'antenne parabolique, témoignent de son génie inventif. Ses contributions ont eu un impact significatif sur les domaines des trains rapides et des télécommunications, améliorant la sécurité, l'efficacité et la fiabilité des systèmes électriques.

Autres Contributions

Outre ces inventions notables, il a apporté des contributions significatives à l'amélioration du chemin de fer, notamment en créant un gradateur en 1890. Son travail a été essentiel pour garantir un système de transport public plus sûr et plus efficace aux États-Unis.

Granville T. Woods est un exemple remarquable d'ingéniosité et d'innovation, et ses inventions ont profondément influencé les domaines des trains rapides et des télécommunications. Ses contributions ont contribué à l'essor de la société américaine au tournant du 20e siècle.

Impact et Héritage

Révolution des Trains Rapides

Ses inventions novatrices ont eu un impact profond sur l'industrie ferroviaire aux États-Unis. Le "Telegraph Multiplex" qu'il a développé a révolutionné la communication entre les gares et les trains en mouvement. Auparavant, la communication avec les trains était limitée et souvent inefficace, ce qui pouvait entraîner des accidents et des retards.

Grâce au système de télégraphe multiplex de Woods, les trains pouvaient désormais transmettre des informations vitales en temps réel, améliorant ainsi la sécurité et la coordination du réseau ferroviaire. Cette innovation a contribué à l'essor des chemins de fer à grande vitesse et a ouvert la voie à un transport ferroviaire plus efficace et plus sûr pour les voyageurs et les marchandises.

Révolution des Télécommunications

Outre son impact sur les chemins de fer, ses inventions ont également laissé leur empreinte sur le monde des télécommunications. La "Telegraphony" a permis d'améliorer la communication entre les gares, facilitant ainsi la gestion des opérations ferroviaires. Cette avancée a eu des répercussions positives sur l'efficacité des systèmes de transport.

De plus, l'**interrupteur électrique** de Woods a renforcé la sécurité des systèmes électriques, y compris ceux utilisés dans les télécommunications. Son travail dans ce domaine a contribué à l'essor des réseaux de communication modernes.

Héritage et Reconnaissance

Malgré ses nombreuses contributions, Granville Tailer Woods a dû faire face à des défis en tant qu'inventeur afro-américain à son époque. La ségrégation et le racisme étaient monnaie courante, ce qui a parfois entravé la reconnaissance de son travail. Cependant, Woods a persévéré et a réussi à défendre ses droits d'auteur et ses brevets contre des figures influentes de son époque, notamment Thomas Edison.

Aujourd'hui, Granville Tailer Woods est reconnu comme l'un des inventeurs les plus importants de l'histoire américaine. Il a été intronisé au National Inventors Hall of Fame et au Temple National de Gloire pour les Inventeurs, témoignant ainsi de l'importance de ses réalisations pour la société américaine et le domaine de l'innovation.

Dans la prochaine partie, nous aborderons les défis auxquels Woods a été confronté en tant qu'inventeur afro-américain et ses réalisations remarquables malgré ces obstacles.

Défis en tant qu'Inventeur Afro-Américain

Granville Tailer Woods était un inventeur afro-américain vivant à une époque marquée par la ségrégation raciale et les inégalités. En tant que tel, il a dû surmonter de nombreux défis pour poursuivre ses passions et ses rêves d'innovation. Parmi les principaux défis auxquels il a été confronté figurent :

Ségrégation et Discrimination

La ségrégation raciale était profondément enracinée dans la société américaine de l'époque. Woods a été confronté à des discriminations systémiques, notamment l'accès limité à l'éducation et aux opportunités professionnelles. Malgré ces obstacles, il a persévéré dans sa quête de connaissances et d'innovation.

Accès à l'Éducation
L'accès à une éducation de qualité était souvent restreint pour les Afro-Américains à l'époque. Woods a dû lutter pour suivre des cours d'ingénieur, ce qui était essentiel pour sa carrière d'inventeur. Son désir insatiable d'apprendre l'a amené à rechercher des opportunités éducatives, même lorsque celles-ci étaient limitées.

Protection des Brevets
La protection de ses inventions par le biais de brevets était une autre préoccupation majeure pour Woods. Il devait s'assurer que ses idées novatrices étaient reconnues et respectées malgré les préjugés de l'époque. Cela l'a conduit à s'engager dans des batailles juridiques pour défendre ses droits d'auteur et ses brevets, notamment dans des conflits avec des inventeurs renommés tels que Thomas Edison.

Conclusion

Granville Tailer Woods demeure un véritable géant de l'innovation et un pionnier dont les contributions exceptionnelles ont eu un impact durable sur les domaines des transports et des télécommunications. Tout au long de sa vie, il a surmonté d'innombrables défis en tant qu'inventeur afro-américain, laissant derrière lui un héritage d'excellence et de persévérance.

Son invention du "Telegraph Multiplex" a transformé la communication ferroviaire, améliorant la sécurité et l'efficacité des réseaux de transport aux États-Unis. Sa "Telegraphony" a permis une coordination plus efficace des opérations ferroviaires, tandis que son interrupteur électrique a renforcé la sécurité des systèmes électriques, contribuant ainsi au développement des télécommunications.

En tant qu'autodidacte, Woods a démontré un désir insatiable d'apprendre et de repousser les limites de la technologie de son époque. Il a non seulement enrichi le paysage de l'innovation, mais il a également ouvert la voie à d'autres inventeurs, défiant les stéréotypes raciaux et montrant que le talent et la créativité n'ont pas de couleur.

Sa contribution à l'histoire de l'ingénierie et de l'invention lui a valu une place bien méritée au National Inventors Hall of Fame et au Temple National de Gloire pour les Inventeurs. Il demeure un exemple inspirant de détermination, de courage et d'excellence pour les générations futures.

Ainsi se clôture le récit de la vie et des réalisations de **Granville Tailer Woods**, un homme dont l'ingéniosité a illuminé son époque et continue d'inspirer l'innovation aujourd'hui.

Chapitre VII : Patricia Era Bath - Pionnière de la Médecine

Introduction :

Dans les annales de l'histoire médicale, certains noms brillent comme des phares, éclairant le chemin pour les générations futures. **Patricia Era Bath**, une figure pionnière dans le domaine de l'ophtalmologie, est indubitablement l'un de ces noms. Son parcours à travers le monde de la médecine a été marqué par la résilience, la brillance et un engagement à rendre le monde plus lumineux, au sens propre comme au figuré. Elle inscrit son nom dans l'histoire en devenant la première Afro-Américaine à terminer une résidence en ophtalmologie en 1973. Deux ans plus tard, elle a brisé un autre plafond de verre en devenant la première femme membre du corps professoral du Département d'ophtalmologie du prestigieux Jules Stein Eye Institute de l'UCLA. Son travail de toute une vie était guidé par une croyance fondamentale : "la vue est un droit humain fondamental". C'est cette croyance qui l'a amenée à co-fonder l'*American Institute for the Prevention of Blindness* en 1976.

Née le 4 novembre 1942, au cœur vibrant du quartier de Harlem de la ville de New York, Patricia Era Bath a été façonnée par une famille qui valorisait l'éducation et l'exploration. Son père, Rupert Bath, avait l'honneur d'être le premier *motorman* noir du métro de New York, tandis que sa mère, Gladys Bath, était une femme au foyer dévouée et une travailleuse domestique qui consacrait ses gains à l'éducation de ses enfants. Son éducation est un témoignage du pouvoir du soutien familial et de l'encouragement.

Dès son plus jeune âge, elle a montré une soif de connaissance et une fascination pour les merveilles de la science. C'est sa mère qui a allumé l'étincelle de la curiosité scientifique en lui offrant une trousse de chimie. Personne ne savait que ce simple cadeau allait mettre en marche une série d'événements qui allait changer à jamais le paysage de l'ophtalmologie.

À l'âge de 16 ans, elle s'est distinguée en devenant l'une des rares élèves sélectionnées pour participer à un atelier de recherche sur le cancer parrainé par la National Science Foundation. Son talent inné et son dévouement étaient si profonds que le directeur du programme, le Dr Robert Bernard, a incorporé ses découvertes dans un article scientifique qu'il a présenté lors d'une conférence prestigieuse. La reconnaissance qu'elle a reçue pour ses découvertes a été remarquable, lui valant le prestigieux Merit Award du magazine Mademoiselle en 1960.

La jeune érudite prodige a obtenu son diplôme d'études secondaires en seulement deux ans, témoignant de son intelligence et de sa détermination. Elle poursuit ensuite ses études universitaires à Hunter College, où elle obtient son diplôme de bachelier en 1964. Sa soif de connaissance était insatiable, et elle a jeté son dévolu sur l'école de médecine, s'inscrivant finalement à l'Université Howard. En 1968, elle est sortie diplômée avec les honneurs, tenant un diplôme de médecine qui allait devenir son passeport pour une carrière révolutionnaire en médecine.
Le chapitre suivant du parcours de **Patricia Bath** s'est ouvert lorsqu'elle a entrepris un stage à l'hôpital Harlem. Parallèlement, elle s'est plongée dans une bourse de recherche en ophtalmologie à l'Université Columbia. C'est au cours de ces années formatrices

qu'elle a fait une découverte surprenante, une découverte qui allait devenir une force motrice dans sa mission de fournir des soins oculaires aux personnes dans le besoin. Ses recherches ont révélé une réalité frappante : les Afro-Américains étaient deux fois plus susceptibles de souffrir de cécité et huit fois plus enclins à développer un glaucome par rapport à d'autres populations de patients. Cette révélation a marqué le début de son approche visionnaire en matière de soins oculaires, une approche qui allait révolutionner le domaine et avoir un impact sur d'innombrables vies. Sa création d'un système d'ophtalmologie communautaire est devenue un phare d'espoir pour ceux qui ne pouvaient pas se permettre un traitement ophtalmologique.

Son parcours empreint de détermination et de réalisations révolutionnaires, ne faisait que commencer. Il allait la conduire à des sommets inédits dans le monde de la médecine, culminant avec son invention du **Laserphaco Probe** en 1986, un dispositif qui allait changer à jamais le paysage du traitement de la cataracte. En plongeant plus profondément dans la vie et les réalisations de cette femme remarquable, nous découvrons un héritage qui continue d'inspirer et d'éclairer le chemin pour les générations futures.

Pionnière en Ophtalmologie

L'année 1973 restera à jamais gravée dans l'histoire de la médecine, car **Patricia Bath** a franchi cette année-là une étape décisive en devenant la première Afro-Américaine à terminer une résidence en ophtalmologie. Son parcours exceptionnel l'a ensuite menée en Californie l'année suivante, où elle a occupé le poste de professeure adjointe de chirurgie à la fois à l'Université Charles R. Drew et à l'Université de Californie, Los Angeles (UCLA). C'est à UCLA qu'elle a réalisé un autre exploit notable en 1975 en devenant la première femme à rejoindre le corps professoral du Département d'ophtalmologie du prestigieux Jules Stein Eye Institute.

Sa passion pour la médecine ophtalmologique l'a conduite à des réalisations impressionnantes, mais elle ne s'est pas contentée de briser des plafonds de verre. Elle a également œuvré pour transformer la manière dont la société percevait les soins oculaires. En 1976, elle a cofondé l'American Institute for the Prevention of Blindness, une organisation qui a posé un principe fondamental : "la vue est un droit humain". Son engagement envers cette noble cause était indéniable, et elle allait consacrer le reste de sa carrière à la réalisation de cette vision.

Patricia ne s'est pas contentée de suivre la voie tracée par d'autres. Elle a continué à être une pionnière en introduisant des innovations révolutionnaires dans le domaine de l'ophtalmologie. En 1983, elle a joué un rôle clé dans la création du programme de résidence en ophtalmologie à l'UCLA-Drew, qu'elle a également présidé. Cette réalisation remarquable a fait d'elle la première femme aux États-Unis à occuper une telle position.

Cependant, c'est son travail ultérieur qui allait la propulser au rang d'icône médicale. En 1981, elle a entrepris un projet qui allait révolutionner le traitement de la cataracte. Elle a commencé à travailler sur le Laserphaco Probe, un dispositif qui utilisait la technologie laser pour rendre le traitement des cataractes moins douloureux et plus précis. Cette invention a marqué un tournant majeur dans le domaine de l'ophtalmologie. En 1986, elle a enfin vu son rêve se réaliser lorsque le Laserphaco Probe a été mis au point.
Sa contribution à la médecine était si significative qu'elle a reçu un brevet pour le Laserphaco Probe en 1988, faisant d'elle la première

femme médecin afro-américaine à recevoir un brevet médical. Son innovation a également été reconnue à l'international, avec des brevets délivrés au Japon, au Canada et en Europe. Grâce au Laserphaco Probe, elle a pu redonner la vue à des individus aveugles depuis plus de 30 ans. Son impact sur la vie de ces patients était inestimable, et elle a laissé une empreinte indélébile dans le monde de la médecine.

Sa carrière était une série de premières, de découvertes et de réalisations qui ont changé le cours de l'ophtalmologie moderne. Elle était bien plus qu'une médecin talentueuse, elle était une visionnaire et une défenseure de la santé oculaire pour tous. Patricia Bath a continué à inspirer et à influencer le domaine médical jusqu'à sa retraite en 1993, moment où elle est devenue membre honoraire du personnel médical de l'UCLA Medical Center. Tout au long de sa vie, elle a porté la bannière de la médecine et de la justice sociale, contribuant à faire du monde un endroit plus lumineux, un regard à la fois.

Avocate de la Télémédecine

Après avoir quitté son poste actif à l'UCLA Medical Center en 1993, Patricia Bath n'a pas pris sa retraite de manière conventionnelle. Au lieu de cela, elle a continué à s'engager activement dans le domaine médical en tant que défenseure de la télémédecine. La télémédecine utilise la technologie pour fournir des services médicaux à distance, ouvrant ainsi la voie à des soins de santé plus accessibles pour les communautés éloignées et mal desservies. Le dévouement de Patricia Bath à cette cause était une extension naturelle de sa lutte pour garantir que la vue soit reconnue comme un droit fondamental pour tous.

Héritage

Son héritage dans le domaine médical est immense. Patricia Bath était bien plus qu'une pionnière de l'ophtalmologie. Elle était une voix puissante pour l'équité en matière de soins oculaires, plaidant sans relâche pour que chaque individu, quelle que soit son origine ou son statut socio-économique, ait accès à des soins oculaires de qualité. Son travail a eu un impact profond sur la manière dont la médecine est pratiquée et perçue.

Un Adieu Émouvant

En 2019, le monde a perdu une véritable icône médicale. Patricia Bath est décédée le 30 mai 2019 à San Francisco, en Californie. Cependant, son héritage perdure, et son influence continue d'inspirer les générations futures de professionnels de la santé. Elle a ouvert des portes pour les femmes et les Afro-Américains dans le domaine de la médecine, prouvant que le talent et la détermination peuvent briser les barrières.

Le nom de Patricia Era Bath restera à jamais gravé dans l'histoire de la médecine. Elle était bien plus qu'une pionnière, elle était une visionnaire qui a apporté des changements significatifs dans le domaine de la santé oculaire et a laissé un héritage qui illumine le chemin vers un avenir où la vue est vraiment reconnue comme un droit humain fondamental.

En conclusion, Patricia Bath était une figure exceptionnelle dont l'impact sur le domaine médical ne peut être surestimé. Elle a ouvert des portes, brisé des barrières et révolutionné le traitement de la cataracte grâce à son invention révolutionnaire, le Laserphaco Probe. Sa passion pour la médecine et son engagement envers l'équité en matière de soins oculaires ont laissé une empreinte indélébile dans le monde de la santé.

Bien plus qu'une pionnière de l'ophtalmologie, elle était aussi une avocate de la télémédecine et une voix pour les plus vulnérables. Son héritage perdure, rappelant à tous que la médecine a le pouvoir de changer des vies et de faire avancer la justice sociale. Son histoire continue d'inspirer et de motiver, et elle mérite une place spéciale dans les annales de la médecine moderne.

Chapitre VIII : Lewis Howard Latimer

Partie 1 : Les Débuts d'une Vie Extraordinaire

La vie de Lewis Howard Latimer a débuté dans des circonstances qui semblaient prédire un avenir bien différent de celui qu'il a finalement réalisé. Né le 4 septembre 1848 à Chelsea, dans le Massachusetts, Latimer est issu d'une famille qui avait connu les affres de l'esclavage. Cependant, dès sa naissance, il a été destiné à défier les attentes et à écrire son propre destin.

Un Héritage d'Esclavage

La famille de Latimer avait été réduite en esclavage en Virginie, mais ils ont bravé l'adversité pour échapper à la servitude. En 1842, ses parents, George et Rebecca Latimer, ont fui vers Chelsea, Massachusetts, à la recherche de liberté. Leur histoire de courage et de détermination est un témoignage de la résilience humaine face à l'oppression.

Les Premiers Pas vers la Connaissance

Dès son plus jeune âge, il a été exposé à la notion que la connaissance était la clé de la liberté et du progrès. Son père, George, avait autrefois été esclave, mais il avait acquis sa liberté et s'était installé à Chelsea. George a enseigné à son fils les valeurs de l'apprentissage et de la découverte, encourageant ainsi son esprit curieux.

Un Parcours Insolite

Le parcours de Latimer a été marqué par des expériences variées, allant de l'aide à son père dans son salon de coiffure à sa participation à des activités artistiques telles que la peinture et la musique. Cependant, sa véritable ascension a commencé lorsqu'il a rejoint la marine américaine à l'âge de 16 ans, devenant ainsi un membre actif au service de son pays.

L'Émergence d'un Talent Exceptionnel

Après avoir quitté la marine avec honneur, Latimer a trouvé sa voie en tant qu'assistant dans un cabinet de conseil en brevets. C'est là qu'il a commencé à maîtriser les outils du métier, apprenant l'art de la rédaction de dessins de brevets et développant ses compétences en tant que dessinateur en chef. Son talent ne passa pas inaperçu, et il fut rapidement promu, atteignant un salaire impressionnant pour l'époque.

Partie 2 : L'Évolution de l'Ampoule Électrique

Dans cette section, nous explorerons l'évolution de l'ampoule électrique, une invention qui a radicalement transformé l'histoire de l'éclairage.

Les Pionniers de l'Éclairage

L'ampoule électrique telle que nous la connaissons aujourd'hui est le résultat des efforts combinés de plusieurs inventeurs de renom. Joseph Swan a été l'un des premiers à concevoir une ampoule électrique en 1878, suivi de près par Thomas Edison en 1879.

Cependant, leur chemin vers la création de l'ampoule parfaite ne fut pas sans obstacles.

La Quête du Filament Idéal

Thomas Edison, en particulier, a entrepris une quête ardue pour trouver le matériau de filament idéal qui émettrait de la lumière lorsqu'il serait traversé par l'électricité. Ce fut un processus laborieux, impliquant l'expérimentation de milliers d'échantillons de végétaux et la réalisation de nombreuses tentatives. Finalement, Edison a opté pour un filament en bambou carbonisé, marquant ainsi une étape décisive dans l'histoire de l'éclairage.

En 1879, Edison dépose un brevet pour une lampe électrique révolutionnaire, composée d'un filament en bambou du Japon, fonctionnant sous faible tension, à l'intérieur d'une ampoule en verre sous vide. Cette invention a jeté les bases de la création de la Edison Electric Light Company, fondée par Edison lui-même l'année suivante, en 1880. Cette entreprise deviendra plus tard la Edison General Electric Company en 1889, puis la General Electric en 1892, une société qui allait jouer un rôle majeur dans le domaine de l'électricité.

L'Apport Crucial de Lewis Howard Latimer

Cependant, l'ampoule électrique de l'époque avait encore des limites, notamment la durée de vie limitée du filament en bambou carbonisé, qui brûlait après seulement 30 heures d'utilisation. C'est à ce stade que Lewis Howard Latimer, ingénieur chez Edison Electric Light Company, a apporté une solution révolutionnaire. En 1882, Latimer a breveté son invention : une ampoule à incandescence dotée d'un **filament en carbone amélioré**. Cette avancée technique a permis d'augmenter la durabilité de l'ampoule à jusqu'à 600h d'utilisation. Ce sont ces avancées successives qui ont conduit à la création des ampoules électriques modernes que nous utilisons aujourd'hui, offrant ainsi une efficacité lumineuse et une durabilité inégalée.

À noter que l'invention de Latimer a également joué un rôle crucial dans le développement de l'électronique moderne et de la radiophonie, donnant naissance à ce que l'on connaît aujourd'hui sous le nom d'**Effet Edison**.

Les Contributions Innovantes dans d'Autres Domaines

Cependant, Latimer ne s'est pas contenté de révolutionner l'éclairage. Sa créativité et son ingéniosité l'ont poussé à explorer divers domaines de l'innovation technologique.

Toilettes Améliorées pour les Trains : En 1874, Lewis Howard Latimer a co-inventé et co-breveté, en collaboration avec W.C. Brown, un système de toilettes amélioré spécialement conçu pour les trains. Ce système novateur a eu un impact significatif sur l'hygiène et le confort des passagers dans les moyens de transport en commun tels que les métros, et il est encore largement utilisé aujourd'hui.

Ascenseur Sécurisé : Latimer a conçu un ascenseur sécurisé qui représentait une avancée majeure par rapport aux ascenseurs de son époque, mettant l'accent sur la sécurité des passagers.

Locking Racks pour Chapeaux et Parapluies : Il a obtenu un brevet pour les "Locking Racks," des dispositifs utilisés dans les

restaurants, les centres commerciaux et les immeubles de bureaux pour sécuriser les chapeaux et les parapluies des clients, évitant ainsi toute confusion involontaire.
L'invention a été brevetée sous le numéro N° 557,076 le 24 mars 1896.

Book Supporter Amélioré : Latimer a également développé une version améliorée du "Book Supporter," permettant un rangement soigné des livres sur les étagères.
L'invention a été brevetée sous le numéro N° 781,890. (US21093004A) le 07 février 1905

Appareil de Refroidissement et de Désinfection : Son invention, intitulée "*Apparatus for Cooling and Disinfecting*," a eu un impact significatif dans les hôpitaux en contribuant à maintenir des espaces plus hygiéniques en empêchant la circulation de la poussière et de particules en suspension dans l'air.
L'invention a été brevetée sous le numéro N° 334,078 le 12 janvier 1886.

Ces inventions variées témoignent du talent polymorphe de Lewis Howard Latimer en tant qu'inventeur. Il a laissé une empreinte durable dans divers domaines technologiques et a contribué de manière significative à améliorer la vie quotidienne de milliards de personnes partout dans le monde.

Chapitre IX : Dr. Benjamin Solomon Carson

I. Origines et Carrière Professionnelle

A. Jeunesse et Famille

Benjamin Solomon Carson, plus connu sous le nom du **Dr. Ben Carson**, est né le 18 septembre 1951 à Detroit, Michigan. Il a grandi au sein d'une famille modeste, son père Robert Solomon Carson travaillant comme maçon et sa mère Sonya Carson en tant que femme de ménage. Ben était le deuxième fils du couple, ayant un frère aîné, Curtis.

La jeunesse de Ben Carson n'a pas été sans défis. Il a grandi dans un quartier difficile de Detroit, où la criminalité et la pauvreté étaient monnaie courante. Ses parents ont divorcé alors qu'il était encore jeune, c'est alors sa mère Sonya qui les élève, son frère et lui. Malgré ces difficultés, Sonya Carson a joué un rôle essentiel dans l'éducation de ses enfants. Elle a encouragé leur amour pour la lecture et a mis en place un système strict de lecture et de rédaction de rapports de livres.

B. Éducation et Début de Carrière Médicale

Le parcours éducatif de Ben Carson a été marqué par des moments clés qui ont façonné son avenir. Malgré des problèmes de comportement à l'école primaire, il a finalement pris le chemin de l'excellence académique grâce à l'influence positive de sa mère. Sa lecture assidue et son engagement l'ont aidé à surmonter ses difficultés initiales.

Après avoir obtenu son diplôme de l'école secondaire, Ben Carson poursuit ses études à l'Université de Yale, où il obtient un diplôme en psychologie en 1973. Sa soif de connaissance l'a ensuite conduit à l'Université du Michigan, où il obtient son doctorat en médecine en 1977. C'est à ce moment-là qu'il a pris la décision de se spécialiser en neurochirurgie, une discipline qui allait devenir sa passion et son domaine d'expertise.

Le début de la carrière médicale du Dr. Carson a été marqué par des réalisations exceptionnelles en neurochirurgie, ce qui l'a finalement conduit à devenir l'un des neurochirurgiens les plus respectés et les plus renommés au monde.

C. Réalisations en Neurochirurgie

La carrière du **Dr. Ben Carson** en neurochirurgie est jalonné de réalisations exceptionnelles qui ont fait de lui l'une des figures les plus éminentes de ce domaine médical. Ses compétences en tant que neurochirurgien ont eu un impact significatif sur la vie de nombreux patients et ont contribué à l'avancement de la médecine.

Dès ses débuts en tant que résident en neurochirurgie à l'Hôpital John Hopkins de Baltimore, le **Dr. Carson** a fait preuve d'un talent extraordinaire. En 1983, à l'âge de 32 ans, il est devenu le directeur de la neurochirurgie pédiatrique de l'hôpital, une réalisation remarquable compte tenu de son jeune âge. Il a rapidement acquis une réputation d'expert en chirurgie du cerveau chez les enfants, en particulier dans le traitement de l'épilepsie pharmaco-résistante et des tumeurs cérébrales.

L'une des réalisations les plus célèbres du **Dr. Carson** est le fait qu'**en 1987 il a été le premier à réussir une séparation de jumeaux siamois liés par la tête**. L'opération de près de 22 heures a nécessité une planification minutieuse et une précision chirurgicale exceptionnelle. La réussite de cette **opération historique** a propulsé le Dr. Carson sous les feux de la rampe médiatique et a renforcé sa réputation en tant que pionnier de la neurochirurgie.

Au fil des ans, le Dr. Carson a continué à réaliser des interventions chirurgicales complexes et innovantes, repoussant les limites de la neurochirurgie. Il a contribué à développer de nouvelles techniques chirurgicales pour le traitement des tumeurs cérébrales, des malformations congénitales et d'autres affections neurologiques.

Son expertise en neurochirurgie a également été mise au service de personnalités notables, dont l'ancien président des États-Unis, Jimmy Carter, pour le traitement d'une tumeur cérébrale bénigne.

Les réalisations en neurochirurgie du Dr. Ben Carson ont été marquées par son dévouement à améliorer la vie de ses patients et à repousser les frontières de la médecine. Ses contributions exceptionnelles dans ce domaine ont laissé une empreinte indélébile dans l'histoire de la neurochirurgie.

Il y a notamment un film « Des mains en or » sur Netflix, qui raconte une histoire tirée du véritable parcours de notre célèbre docteur.

D. Impact sur le Monde Médical

Les contributions médicales du Dr. Carson ne se limitent pas à ses réalisations chirurgicales. Il a également joué un rôle crucial dans la sensibilisation à certaines maladies neurologiques et dans la recherche de solutions novatrices. Son travail a influencé d'autres professionnels de la santé et a contribué à l'évolution de la neurochirurgie.

Le Dr. Carson a consacré sa carrière à la recherche de moyens d'améliorer la santé du cerveau et du système nerveux, et son impact sur le monde médical demeure indéniable.

II. Engagement en Éducation et Philanthropie

L'engagement du Dr. Carson en matière d'éducation et de philanthropie est une facette importante de sa vie et de son héritage. Il a consacré une grande partie de son temps et de ses ressources à soutenir l'éducation des jeunes et à promouvoir la philanthropie.

A. Fondation Carson Scholars

L'une des initiatives les plus remarquables du Dr. Carson est la Fondation Carson Scholars, qu'il a cofondée avec sa femme, Candy Carson, en 1994. Cette fondation a pour mission de reconnaître et de récompenser l'excellence académique et le leadership chez les jeunes étudiants du primaire et du secondaire.

Chaque année, des bourses d'études sont décernées aux élèves qui se démarquent par leur engagement scolaire et leur engagement communautaire. La Fondation Carson Scholars vise à encourager la réussite académique et à inspirer les jeunes à poursuivre leurs rêves éducatifs.

B. Promotion de la Lecture et de l'Éducation

En plus de la Fondation Carson Scholars, le Dr. Carson a joué un rôle actif dans la promotion de la lecture et de l'éducation. Il a écrit plusieurs livres à succès destinés à inspirer les jeunes à apprendre, à lire et à viser l'excellence. Ses ouvrages, tels que "Gifted Hands," racontent son parcours inspirant et ses réalisations.

Il a aussi participé à des campagnes nationales visant à encourager la lecture chez les enfants et à sensibiliser à l'importance de l'éducation. Son histoire personnelle de réussite malgré les défis a inspiré de nombreuses générations à poursuivre leurs études.

C. Influence sur les Jeunes

L'engagement du Dr. Carson envers l'éducation et la philanthropie a eu un impact significatif sur de nombreuses vies. Ses discours inspirants et son exemple personnel ont motivé de nombreux jeunes à persévérer dans leurs études et à travailler dur pour réaliser leurs rêves.

Il a également encouragé les jeunes à croire en leur potentiel et à surmonter les obstacles qui se dressent sur leur chemin. Son message d'espoir et d'excellence continue d'influencer positivement les générations futures.

En conclusion, le Dr. Benjamin Solomon Carson est une figure remarquable dont la vie et la carrière ont été marquées par une série de réalisations exceptionnelles. Originaire d'un milieu modeste, il a surmonté des obstacles considérables pour devenir l'un des neurochirurgiens les plus renommés au monde.

Sa jeunesse et son éducation l'ont préparé à une carrière médicale exceptionnelle, et il a rapidement acquis une réputation pour ses compétences en neurochirurgie, notamment dans la séparation de jumeaux siamois. Ses contributions médicales notables ont non seulement sauvé des vies, mais ont également ouvert de nouvelles voies dans le domaine de la neurochirurgie.

Cependant, ce qui le distingue véritablement c'est son engagement envers l'éducation et la philanthropie. À travers la **Fondation Carson Scholars**, il a encouragé des milliers de jeunes à poursuivre l'excellence académique et à développer leur amour de la lecture. Son influence sur les jeunes est indéniable, et il continue d'inspirer les générations futures.

Enfin, bien que sa carrière politique ait été relativement brève, elle a été marquée par sa candidature aux primaires républicaines et son rôle en tant que Secrétaire au Logement et au Développement Urbain dans l'administration Trump. Sa vision unique, façonnée par ses expériences médicales et son engagement envers l'éducation, a laissé une empreinte dans le domaine politique.

Il incarne l'idée que la détermination, l'excellence et le service à autrui peuvent conduire à des accomplissements extraordinaires. Sa vie et sa carrière continuent de servir d'inspiration à de nombreuses personnes à travers le monde.

Chapitre X : Percy Lavon Julian

I. Origines et Carrière Professionnelle

A. Jeunesse et Famille

Percy Lavon Julian, un chimiste afro-américain renommé, est né le 11 avril 1899, à Montgomery, Alabama. Ses origines familiales étaient empreintes de l'histoire complexe de l'Amérique post-esclavage, car il était le petit-fils de descendants d'anciens esclaves. Dès son jeune âge, Percy a été confronté aux défis du racisme et de la ségrégation, mais il a montré une détermination exceptionnelle pour surmonter ces obstacles.

Issu d'une famille d'enseignants, Percy a rapidement développé un amour pour l'apprentissage et la connaissance. Malgré les limites imposées par la ségrégation raciale, ses parents ont rassemblé une bibliothèque pour leurs six enfants, offrant ainsi à Percy un accès à l'éducation. Après avoir fréquenté des écoles ségréguées, il poursuit son rêve d'obtenir un diplôme universitaire.

B. Éducation et Début de Carrière en Chimie

Le chemin vers l'éducation supérieure n'a pas été facile pour Percy. Il a dû travailler comme garçon de café et s'occuper de la chaudière d'une fraternité pour payer sa chambre sur le campus de l'université DePauw, située dans l'Indiana. Durant cette période, il a également dû suivre des cours de niveau secondaire en soirée pour combler les lacunes éducatives dues aux écoles ségréguées.

Malgré ces défis, Percy Julian a brillamment réussi à DePauw. Il obtient son diplôme en 1920, se classant premier de sa promotion avec les honneurs **Phi Beta Kappa** (personne *obtenant une haute distinction scolaire dans un collège ou une université américaine et étant élue membre d'une société d'honneur nationale fondée en 1776*). Son dévouement à l'excellence académique était déjà apparent.

Après l'obtention de son diplôme, Percy a poursuivi sa passion pour la chimie en acceptant un poste d'instructeur en chimie à l'université Fisk. Cependant, son désir d'atteindre de plus grandes réalisations académiques l'a poussé à chercher des opportunités supplémentaires.

C. Réalisations en Chimie Organique

L'ambition de Percy Julian l'a conduit à Harvard University, où il a entrepris des études de troisième cycle en chimie. Bien qu'il ait réussi à obtenir sa maîtrise, Harvard a refusé de lui permettre de poursuivre son doctorat. Malgré ce revers, il a continué à chercher des moyens de réaliser ses aspirations académiques et professionnelles.

Dans les années qui ont suivi, Percy Julian a enseigné dans des collèges pour Afro-Américains et a finalement obtenu son doctorat à l'Université de Vienne, en Autriche, en 1931. Cette réalisation marquante a ouvert la voie à une carrière exceptionnelle en chimie organique.

La suite de ce chapitre explorera les contributions scientifiques révolutionnaires de Percy Julian, notamment sa synthèse de médicaments vitaux, ainsi que les défis qu'il a dû surmonter en raison de la discrimination raciale. Percy Julian est sans aucun doute l'une des figures les plus inspirantes de la science américaine du XXe siècle.

II. Contributions Médicales Notables

A. Synthèse de Médicaments Révolutionnaires

La carrière de Percy Lavon Julian en chimie organique est marquée par ses contributions exceptionnelles à la synthèse de médicaments révolutionnaires. Malgré les obstacles imposés par la ségrégation raciale, Julian a consacré sa vie à la recherche scientifique et à l'amélioration de la santé humaine.

L'une de ses réalisations les plus notables a été **la synthèse de la physostigmine** à partir de la fève de Calabar. La physostigmine avait été identifiée comme un traitement efficace contre le glaucome, une maladie débilitante qui peut entraîner la cécité. Cependant, la difficulté d'obtenir des quantités suffisantes de cette substance à partir de sources naturelles limitait son utilisation médicale.

Percy a relevé ce défi en développant un processus de synthèse complexe en 11 étapes pour produire de la physostigmine de manière efficace en laboratoire. Cette réalisation a révolutionné le traitement du glaucome et a ouvert la voie à l'utilisation généralisée de ce médicament, sauvant ainsi de nombreuses vies.

B. Avancées en Chimie Organique

Outre la synthèse de la physostigmine, Percy a réalisé d'autres avancées significatives en chimie organique. Il a réussi à extraire des stérols de l'huile de soja, ouvrant ainsi la voie à la production d'hormones importantes telles que la progestérone et la testostérone. Ses travaux ont eu un impact majeur sur le domaine médical en permettant la production en masse de ces hormones essentielles.

Un autre jalon de sa carrière a été la synthèse de la cortisone, un médicament crucial utilisé dans le traitement de la polyarthrite rhumatoïde. La cortisone a révolutionné la prise en charge de cette maladie auto-immune, améliorant considérablement la qualité de vie des patients.

C. Héritage dans le Domaine Médical

Ses contributions médicales ont laissé une empreinte indélébile dans le domaine médical. Ses découvertes ont sauvé d'innombrables vies, amélioré la santé de millions d'individus et ouvert de nouvelles possibilités dans le traitement de diverses affections médicales.

L'influence de Percy Julian se fait encore sentir aujourd'hui, rappelant la persévérance et le génie d'un homme qui a surmonté d'énormes obstacles pour apporter des avancées médicales majeures. Dans les sections suivantes de ce chapitre, nous explorerons son engagement en éducation, sa lutte contre la discrimination et son héritage dans le domaine scientifique. Percy

Julian est bien plus qu'un chimiste accompli ; il est une source d'inspiration pour les générations futures.

III. Engagement en Éducation et Lutte contre la Discrimination

A. Dévouement à l'Éducation

En plus de ses réalisations en chimie, Percy Lavon Julian était profondément engagé dans l'éducation, partageant son savoir et inspirant de futurs scientifiques issus de milieux défavorisés. Son parcours académique remarquable malgré les barrières raciales a été une source d'inspiration pour de nombreuses personnes.

Après avoir obtenu son doctorat en chimie, il accepte un poste d'instructeur en chimie à l'Université Fisk. Sa passion pour l'enseignement était palpable, et il s'est rapidement gagné le respect de ses étudiants. Il a ensuite enseigné dans plusieurs collèges réservés aux Afro-Américains, partageant ses connaissances et encourageant la prochaine génération de scientifiques.

B. Lutte contre la Discrimination Raciale

La vie de Percy Julian a été marquée par la discrimination raciale omniprésente de son époque. Malgré son expertise scientifique et ses contributions inestimables, il a souvent été confronté à des préjugés et à des obstacles en raison de sa race. Ses efforts pour surmonter ces défis et poursuivre sa carrière sont remarquables.

Julian a été rejeté à de nombreuses reprises par des entreprises chimiques réputées en raison de sa couleur de peau. Cependant, il a persévéré et a finalement trouvé un poste en tant que directeur de laboratoire à la Glidden Company, où il a réalisé d'importantes découvertes en chimie des produits dérivés du soja.

C. Héritage d'Inspiration

Percy Lavon Julian laisse derrière lui un héritage d'inspiration et de détermination. Sa vie est un exemple de résilience face à l'adversité et de réussite malgré les obstacles. Il a ouvert la voie à de futurs scientifiques issus de minorités en prouvant que la passion, la persévérance et le talent pouvaient triompher de la discrimination.

Sa contribution à l'éducation et à la lutte contre la discrimination a laissé une marque indélébile, rappelant à tous l'importance de l'égalité des chances et de la diversité dans le monde de la science. Dans les sections à venir, nous explorerons en détail ses réalisations post-académiques et son impact durable sur la société. Percy Lavon Julian restera à jamais un modèle d'excellence et de résilience.

V. Influence et Héritage

A. Influence sur la Communauté Scientifique

Percy Lavon Julian a exercé une influence significative sur la communauté scientifique, en particulier parmi les chercheurs et les chimistes issus de minorités. Son parcours exceptionnel, marqué par la persévérance et le succès malgré les obstacles, a inspiré de nombreuses générations de scientifiques.

En tant que l'un des premiers chimistes noirs à atteindre un statut éminent dans le domaine de la chimie, il a brisé des barrières raciales et a montré que l'excellence en sciences n'était pas limitée par la couleur de la peau. Sa présence dans le monde académique et industriel a ouvert la voie à d'autres chercheurs issus de milieux sous-représentés.

B. Reconnaissance et Prix

La carrière de Percy a été couronnée de nombreuses distinctions et récompenses méritées. En 1973, il est devenu le premier chimiste noir à être élu à l'Académie nationale des sciences des États-Unis, une reconnaissance de ses réalisations exceptionnelles en chimie.
En 1990, il a été intronisé au National Inventors Hall of Fame, un honneur qui célèbre ses contributions révolutionnaires à la chimie et à la médecine. Sa synthèse de la physostigmine a été reconnue comme l'une des "25 réalisations les plus importantes de l'histoire de la chimie américaine" par la American Chemical Society en 1999.

C. Héritage Durable

L'héritage de Percy perdure à travers son impact sur la chimie, la médecine et l'éducation. Ses avancées dans la synthèse de médicaments ont sauvé des vies et amélioré la santé de nombreuses personnes. Ses réalisations ont également contribué à l'avancement de la science en montrant le potentiel de la chimie pour résoudre des problèmes médicaux complexes.

De plus, en ouvrant la voie à d'autres scientifiques issus de minorités, Julian a laissé un héritage important en matière d'équité et de diversité dans le domaine scientifique. Son parcours remarquable continue d'inspirer les générations futures à poursuivre l'excellence en sciences.

En conclusion, Percy Lavon Julian était bien plus qu'un chimiste accompli. Il était un pionnier qui a surmonté les obstacles de la discrimination raciale pour laisser une empreinte indélébile dans le domaine de la chimie et de la médecine. Ses contributions aux domaines de la chimie médicinale, de la synthèse de médicaments et de la chimie organique restent inestimables.

Son influence sur la communauté scientifique et son héritage en matière d'équité dans la recherche scientifique sont des témoignages de sa grandeur. Percy Lavon Julian a démontré que la détermination, la passion et la recherche de l'excellence pouvaient briser toutes les barrières.

Chapitre XI : Lisa Gelobter - Pionnière en Technologie et Équité

Introduction

Lisa Gelobter est une figure marquante dans le domaine de la technologie, reconnue pour ses contributions à l'innovation et à l'équité. Tout au long de sa carrière exceptionnelle, elle a laissé sa marque en tant que pionnière de l'Internet et entrepreneure engagée. Ce chapitre explore son parcours remarquable, mettant en lumière ses réalisations et son engagement en faveur de la diversité et de l'inclusion.

Elle commence son voyage vers l'excellence technologique avec une éducation diversifiée et une passion précoce pour l'informatique. Diplômée de l'Université Brown à l'âge de 20 ans avec un diplôme en informatique et une concentration en intelligence artificielle et apprentissage automatique, elle a jeté les bases de sa carrière exceptionnelle.

Dans cette première partie, nous plongerons dans les débuts de Lisa Gelobter, explorant sa jeunesse multiculturelle et sa formation académique exceptionnelle. Découvrons comment ces premières expériences ont façonné la future pionnière de la technologie et comment elles ont préparé le terrain pour ses contributions révolutionnaires.

Jeunesse et Éducation

Lisa Gelobter est née dans une famille multiculturelle, son père étant d'origine polonaise et sa mère d'origine caribéenne. Cette diversité culturelle a sans aucun doute eu une influence profonde sur sa perspective et son parcours de vie. Cependant, au-delà de ses origines, Lisa a démontré très tôt des talents intellectuels exceptionnels.

Sa percée académique majeure est survenue lorsqu'elle a obtenu son diplôme en informatique de l'Université Brown à l'âge précoce de 20 ans. Cette réalisation témoigne de son engagement envers l'apprentissage et sa détermination à exceller dans le domaine de la technologie. Son diplôme en informatique avec une concentration en intelligence artificielle et apprentissage automatique a jeté les bases de sa future carrière de pionnière en technologie.

Lisa a rapidement montré un intérêt pour les domaines émergents de la technologie, ce qui l'a amenée à travailler sur plusieurs technologies internet révolutionnaires. Elle est devenue une figure clé dans le développement de technologies telles que Shockwave, qui a ouvert la voie à l'animation sur le web, et Hulu, le service de streaming vidéo à la demande. Cette période de sa vie a été marquée par son rôle de pionnière dans la vidéo en ligne, où elle a contribué à transformer la manière dont les gens consomment les médias.

Ainsi, la jeunesse et l'éducation de Lisa Gelobter jettent les bases de son parcours professionnel remarquable. Sa diversité culturelle et son engagement académique précoce ont contribué à forger une pionnière en technologie qui allait laisser une empreinte indélébile dans le monde de la technologie et de l'équité.

Technologies Internet

Lisa Gelobter est une figure emblématique de l'industrie technologique, dont les contributions novatrices aux technologies Internet ont laissé une empreinte indélébile. Deux de ses réalisations notables sont particulièrement mises en avant : Shockwave et Hulu.

Shockwave : Révolutionner l'Internet interactif

Dans les années 1990, Lisa Gelobter a joué un rôle crucial en tant qu'ingénieure et chef de projet chez Macromedia, où elle a contribué au développement de Shockwave. Cette plateforme multimédia révolutionnaire a ouvert la voie à l'Internet interactif en permettant aux utilisateurs de découvrir des expériences riches en médias, notamment des jeux vidéo et des animations. Le travail pionnier de Gelobter sur Shockwave a contribué à transformer Internet en une plateforme plus engageante et immersive.

Hulu : Redéfinir la diffusion en continu

Plus tard dans sa carrière, Lisa Gelobter a été membre de l'équipe de lancement de Hulu, le service de diffusion en continu qui a profondément modifié la manière dont les gens consomment les médias. En tant que personne clé dans ce projet, elle a joué un rôle de médiateur entre les aspects technologiques et médiatiques, aidant ainsi à donner naissance à l'une des plateformes de streaming les plus influentes. Hulu est devenu un acteur majeur de l'industrie du divertissement, et le travail de Gelobter a contribué à faire de la diffusion en continu un mode de consommation prédominant.

Pionnière dans la Vidéo sur Internet

Lisa Gelobter est reconnue comme l'une des pionnières de la vidéo sur Internet. Ses réalisations dans le domaine de la technologie ont jeté les bases de ce que l'Internet moderne est devenu, offrant des expériences interactives et multimédias qui ont redéfini la manière dont nous interagissons avec le contenu en ligne. Sa vision et son expertise ont contribué à ouvrir de nouvelles possibilités dans le monde numérique.

La contribution de Lisa Gelobter à l'évolution d'Internet ne se limite pas à ces projets, mais ces exemples illustrent clairement son impact en tant que créatrice et innovatrice dans le domaine de la technologie.

Transformation de Healthcare.gov

L'une des contributions exceptionnelles de Lisa Gelobter dans le domaine de la technologie a été sa participation à la transformation de Healthcare.gov, le site web du gouvernement des États-Unis dédié à **l'Affordable Care Act** (ACA), également connu sous le nom d'Obamacare. Son rôle au sein du Service Numérique des États-Unis (USDS) a été déterminant dans cette refonte majeure.

Le Mandat au Service Numérique des États-Unis

Lisa Gelobter a rejoint l'USDS sous l'administration Obama en tant que Chief Digital Service Officer. Son mandat était clair : redresser et réinventer Healthcare.gov, qui avait connu un lancement difficile et des problèmes techniques majeurs. À ce moment-là, le site web était essentiel pour permettre aux citoyens américains d'explorer les options d'assurance maladie offertes par l'ACA, une réforme majeure du système de santé.

Améliorations et Impact

Sous la direction de Lisa Gelobter, Healthcare.gov a connu une transformation spectaculaire. Elle a dirigé une équipe talentueuse d'experts en technologie, de concepteurs et de professionnels de la santé pour résoudre les problèmes techniques, améliorer l'expérience utilisateur et garantir que les citoyens puissent accéder facilement aux informations sur l'assurance maladie. Les améliorations apportées ont inclus :

Une interface utilisateur conviviale : Lisa et son équipe ont repensé l'interface du site pour la rendre plus intuitive et accessible, permettant aux utilisateurs de naviguer plus facilement et de trouver les informations dont ils avaient besoin.

Stabilité et performance : Les problèmes techniques qui avaient entravé le lancement initial ont été résolus, assurant la stabilité du site et sa capacité à gérer un grand nombre de visiteurs.

Éducation et sensibilisation : Lisa Gelobter a également mis l'accent sur l'éducation des citoyens en fournissant des ressources claires et compréhensibles sur les options d'assurance maladie, contribuant ainsi à l'objectif global de l'ACA visant à élargir l'accès aux soins de santé.

L'impact de ces améliorations a été significatif. Grâce au travail acharné de Lisa Gelobter et de son équipe, des millions d'Américains ont pu accéder à l'information sur l'assurance maladie et souscrire à des plans de santé abordables. La refonte réussie de Healthcare.gov a renforcé la crédibilité de l'ACA et a permis à de nombreux individus et familles d'obtenir une couverture médicale essentielle.

Dans la section suivante, nous explorerons la contribution de Lisa Gelobter à la refonte du College Scorecard, un outil essentiel pour les étudiants cherchant des informations sur l'enseignement supérieur.

Refonte du College Scorecard

Lisa Gelobter a apporté une contribution significative à l'amélioration de l'accès à l'éducation supérieure grâce à son travail dans la refonte du College Scorecard. Cette initiative reflète son engagement en faveur de l'équité et de l'autonomie des étudiants dans leurs décisions éducatives.

Le Rôle de Lisa dans la Refonte

Lisa Gelobter a été sollicitée pour travailler sur le College Scorecard, un outil gouvernemental qui fournit des informations essentielles sur les collèges et les universités aux étudiants et à leurs familles. Son expertise en technologie et sa passion pour l'équité éducative en ont fait un choix naturel pour ce projet. Elle a dirigé une équipe multidisciplinaire pour repenser et améliorer cet outil crucial.

L'Importance du College Scorecard

La refonte du *College Scorecard* a eu un impact majeur sur la manière dont les étudiants prennent des décisions éclairées sur leur enseignement supérieur. Les nouvelles métriques et les informations présentées de manière conviviale ont permis aux étudiants de mieux comprendre les coûts, les résultats et les perspectives d'emploi liés à leurs choix éducatifs. Voici quelques-uns des aspects les plus importants de cette initiative :

Transparence des données : Lisa Gelobter a œuvré pour que les données sur les frais de scolarité, les taux de réussite et les revenus des anciens élèves soient facilement accessibles et compréhensibles. Cela a permis aux étudiants de comparer différentes institutions en fonction de critères importants.

Prise de décision éclairée : Grâce aux informations fournies par le College Scorecard, les étudiants ont pu prendre des décisions plus éclairées sur les collèges et les universités auxquels ils souhaitaient postuler. Ils pouvaient évaluer les coûts par rapport aux avantages potentiels de leur formation.

Réduction des inégalités : En mettant en évidence les résultats des collèges pour les étudiants de divers horizons, le College Scorecard a contribué à réduire les inégalités en matière d'accès à l'enseignement supérieur. Les étudiants issus de milieux sous-représentés ont pu utiliser ces informations pour choisir des institutions qui répondent à leurs besoins.

Impact Durable

L'impact de la refonte du College Scorecard perdure encore aujourd'hui. Les étudiants continuent de s'appuyer sur cet outil pour planifier leur avenir éducatif. Lisa Gelobter a ainsi joué un rôle essentiel dans la promotion de l'équité dans l'accès à l'éducation supérieure et dans l'autonomie des étudiants dans leurs choix académiques.

Entrepreneuriat - tEQuitable

L'entrepreneuriat est un domaine dans lequel Lisa Gelobter a continué de marquer sa présence en tant que défenseure de l'équité et de la justice en milieu de travail. Elle a fondé l'entreprise tEQuitable, qui incarne son engagement à lutter contre les préjugés, le harcèlement et la discrimination en milieu professionnel.

Fondation de tEQuitable

Lisa Gelobter a fondé tEQuitable avec une mission claire : créer des espaces de travail plus équitables et inclusifs. Forte de son expérience et de son expertise dans la technologie, elle a élaboré des solutions innovantes pour résoudre les problèmes persistants de discrimination et de harcèlement en milieu de travail.

La Mission de tEQuitable

La mission de tEQuitable s'articule autour de plusieurs axes majeurs :

1. **Prévention du Harcèlement** : tEQuitable travaille à prévenir le harcèlement en fournissant des ressources et des outils aux entreprises pour détecter et résoudre rapidement les problèmes de harcèlement.

2. **Équité et Inclusion** : L'entreprise met en place des programmes visant à promouvoir l'équité salariale et à créer des environnements de travail inclusifs pour tous les employés.

3. **Données et Analyse** : tEQuitable utilise des données et des analyses pour identifier les tendances en matière de harcèlement et de discrimination, aidant ainsi les entreprises à prendre des mesures préventives et correctives.

4. **Formation et Sensibilisation** : Lisa Gelobter et son équipe proposent des formations pour sensibiliser les employés et les dirigeants aux problèmes de harcèlement et de discrimination, favorisant ainsi une culture d'entreprise respectueuse.

5. **Accompagnement Juridique** : tEQuitable offre également un accompagnement juridique aux entreprises et aux employés confrontés à des cas de harcèlement ou de discrimination.

Grâce à tEQuitable, Lisa Gelobter a contribué de manière significative à la création d'espaces de travail plus équitables, où chacun peut s'épanouir sans craindre la discrimination ou le harcèlement. Son engagement dans cette entreprise témoigne de sa détermination à faire avancer la cause de l'équité en milieu professionnel.

Impact et Reconnaissance

Lisa Gelobter a laissé une empreinte indélébile dans l'industrie technologique grâce à ses réalisations exceptionnelles et son engagement en faveur de la diversité et de l'inclusion. Cette section mettra en avant ses réalisations et sa reconnaissance en tant qu'innovatrice de l'industrie.

Réalisations Exceptionnelles

Lisa Gelobter a accumulé un palmarès impressionnant de réalisations au cours de sa carrière. Ses contributions aux technologies internet, notamment son travail sur Shockwave et Hulu, ont révolutionné la manière dont nous interagissons avec le contenu en ligne. Sa vision pionnière dans le domaine de la vidéo sur internet a ouvert de nouvelles perspectives pour l'industrie du divertissement en ligne.

Sa participation à la refonte de Healthcare.gov a été cruciale pour améliorer l'accès aux soins de santé pour des millions d'Américains. Ses efforts ont contribué à rendre l'Affordable Care Act plus accessible et fonctionnel.

La refonte du College Scorecard a également eu un impact significatif en aidant les étudiants à prendre des décisions éclairées sur leur enseignement supérieur. Les nouvelles métriques et informations fournies par le College Scorecard ont permis aux étudiants et à leurs familles de choisir des établissements d'enseignement supérieur en toute connaissance de cause.

Engagement en Faveur de la Diversité et de l'Inclusion

Lisa Gelobter s'est engagée activement en faveur de la diversité et de l'inclusion dans l'industrie technologique. Elle a plaidé pour des environnements de travail plus équitables et a fondé tEQuitable pour lutter contre les préjugés, le harcèlement et la discrimination en milieu professionnel. Son entreprise œuvre à créer des espaces de travail où chaque individu est respecté et valorisé.

Elle a également été une voix influente dans les discussions sur l'inclusion des femmes et des minorités dans la technologie. Son leadership et ses prises de position ont contribué à sensibiliser l'industrie à l'importance de la diversité pour favoriser l'innovation et la créativité.

En conclusion, la carrière de Lisa Gelobter est marquée par des réalisations exceptionnelles dans le domaine de la technologie, de la santé et de l'éducation. Son engagement en faveur de l'équité, de la diversité et de l'inclusion a eu un impact durable sur l'industrie. Elle a ouvert la voie à de nouvelles possibilités et continue d'inspirer les futurs informaticiens.

Pour les futurs informaticiens, Lisa Gelobter offre des conseils précieux : restez passionnés, ne craignez pas de défier les normes et soyez déterminés à créer un monde meilleur à travers la technologie. Ses sources d'inspiration, issues de sa propre expérience, rappellent l'importance de l'engagement envers des valeurs telles que l'équité et l'inclusion.

La carrière de Lisa Gelobter est une illustration remarquable de la façon dont la technologie peut être un moteur de changement positif, et elle continue de laisser une empreinte significative dans le domaine.

Chapitre XII : Marie Van Brittan Brown - Inventrice du Système de Sécurité Domestique et de la Télévision en Circuit Fermé

Introduction

Marie Van Brittan Brown est une figure exceptionnelle dans le domaine de l'invention. Née le 22 octobre 1922 à Queens, New York, et décédée le 2 février 1999, elle a laissé un héritage remarquable en tant qu'inventrice du premier système de sécurité domestique et de la première télévision en circuit fermé. Son histoire est celle d'une femme visionnaire qui a su résoudre un problème de sécurité personnel en créant une solution novatrice qui a depuis révolutionné notre façon de protéger nos foyers.

Marie était le produit de diverses origines familiales, avec un père originaire du Massachusetts et une mère originaire de Pennsylvanie. Sa vie a été marquée par les défis de sécurité auxquels elle était confrontée dans son quartier du Queens, New York, où la criminalité était monnaie courante. Cependant, Marie n'était pas une femme à se laisser intimider par les menaces qui planaient sur son domicile.

Dans cette première partie de notre chapitre, nous allons explorer la jeunesse de Marie et les circonstances qui ont conduit à la naissance de son ingénieuse invention. Nous découvrirons comment sa profession d'infirmière et celle de son mari, Albert Brown, électronicien, ont joué un rôle crucial dans ce processus. Rejoignez-nous pour plonger dans l'histoire fascinante de Marie Van Brittan Brown, une femme qui a transformé la sécurité domestique pour toujours.

Jeunesse et Inspiration

Le chapitre consacré à la vie de Marie Van Brittan Brown commence par un retour sur sa jeunesse et les éléments qui ont contribué à façonner sa vision innovante en matière de sécurité domestique. Née le 22 octobre 1922 à Queens, New York, Marie a grandi dans un quartier où la sécurité était un défi quotidien.

Le quartier de Jamaica, à Springfield Gardens, était situé à proximité de l'aéroport JFK, ce qui signifiait que le vacarme incessant des avions décollant et atterrissant était monnaie courante. Cependant, ces bruits de fond étaient souvent couverts par des sons beaucoup plus inquiétants, tels que des coups de feu, des éclats de voix et des cris de victimes laissés par les gangs qui semaient la terreur.

Marie avait choisi une carrière noble en devenant infirmière, une profession qui l'amenait à rentrer chez elle à toutes les heures du jour et de la nuit après des quarts de travail épuisants. Son mari, Albert Brown, était quant à lui électronicien, un métier qui l'amenait également à s'absenter tardivement et parfois pendant plusieurs jours pour des interventions. Cette situation exposait le couple à des risques en raison de leur absence fréquente et de leur vulnérabilité en rentrant chez eux.

Le quartier où vivait le couple était marqué par une criminalité persistante et une lenteur inquiétante de la réponse de la police en cas d'incident. Les retards dans l'intervention des autorités étaient courants et représentaient une source d'inquiétude pour Marie et Albert.

C'est dans ce contexte que Marie a puisé son inspiration pour créer un système de sécurité innovant pour leur maison. Elle ressentait un besoin pressant de se sentir en sécurité chez elle et de trouver un moyen de surveiller leur environnement de manière efficace et rapide. Cette quête de sécurité personnelle l'a poussée à réfléchir à des solutions au-delà des moyens de sécurité traditionnels.

L'élément clé de cette équation était le rôle essentiel de son mari, Albert Brown, en tant qu'électronicien. Sa compréhension approfondie des technologies électroniques allait se révéler essentielle pour transformer l'inspiration de Marie en une réalité tangible.

Dans les prochaines sections, nous explorerons en détail la manière dont ces éléments ont façonné la détermination de Marie à créer un système de sécurité révolutionnaire pour leur maison. Nous découvrirons comment son environnement, sa profession d'infirmière, les défis de sécurité dans son quartier et le soutien d'Albert ont convergé pour donner naissance à une innovation qui allait changer la manière dont nous percevons la sécurité domestique. Rejoignez-nous pour en savoir plus sur l'incroyable histoire de Marie Van Brittan Brown.

Conception du Système de Sécurité

Dans cette section, nous explorerons en détail la manière dont Marie Van Brittan Brown a concrétisé son idée révolutionnaire pour un système de sécurité domestique. Guidée par le besoin pressant de sécurité dans son quartier et inspirée par sa profession d'infirmière, elle a commencé à concevoir un système qui révolutionnerait la façon dont les gens protègent leur domicile.

Marie a compris que pour créer un système de sécurité efficace, il fallait penser au-delà des serrures et des alarmes traditionnelles. C'est ainsi qu'elle a eu l'idée d'utiliser la technologie de la télévision pour surveiller son environnement. Avec le soutien précieux de son mari, Albert Brown, électronicien de profession, elle a pu donner vie à cette vision.

Le cœur du système de sécurité de Marie résidait dans l'utilisation de caméras et de moniteurs. Elle a installé quatre judas sur sa porte d'entrée, chacun à une hauteur différente pour permettre une vue complète. De l'autre côté de la porte, une caméra motorisée pouvait se déplacer pour aligner son objectif avec l'un des judas. Cette innovation a permis de voir à l'extérieur sans avoir à ouvrir la porte, offrant ainsi une couche de sécurité précieuse.

Les images capturées par la caméra étaient transmises sans fil à des moniteurs à l'intérieur de la maison. Cette disposition permettait à Marie de surveiller visuellement l'extérieur de sa maison depuis n'importe quelle pièce. Elle pouvait ainsi vérifier qui se trouvait devant sa porte sans risquer sa sécurité.
Elle a également intégré un système audio qui lui permettait de communiquer avec la personne à l'extérieur via un microphone. Cette fonctionnalité était révolutionnaire car elle permettait un dialogue avec les visiteurs sans ouvrir la porte. C'était un moyen de déterminer l'identité de la personne et de juger si elle était un intrus potentiel ou un visiteur bienvenu.

L'un des aspects les plus importants du système de sécurité de Marie était la rapidité de la réponse en cas d'urgence. Elle a ajouté un bouton d'alarme qui, lorsqu'il était pressé, déclenchait immédiatement une notification à la police. Cette fonction a considérablement réduit les temps de réponse en cas de problème, une réponse qui était souvent lente dans leur quartier.

Le système de sécurité de Marie était une véritable révolution à l'époque. Il offrait une protection avancée, une surveillance en temps réel et la possibilité de communiquer avec les visiteurs de manière sécurisée.

Brevet et Impact

Après avoir développé avec son mari, Albert Brown, le système de sécurité novateur, Marie a pris l'initiative de protéger légalement leur création. En août 1966, le couple a soumis leur demande de brevet intitulée "**Home Security System Utilizing Television Surveillance**". Cette demande a été approuvée le 2 décembre 1969, et le brevet numéro 3,482,037 a été délivré. Il est remarquable de noter que le nom de Marie figurait au-dessus de celui de son époux dans le document du brevet, soulignant ainsi son rôle essentiel dans le développement de cette technologie révolutionnaire.

Le brevet présentait plusieurs améliorations par rapport au prototype initial. Notamment, il permettait aux utilisateurs de déverrouiller la porte d'entrée à distance grâce à un signal radio, offrant ainsi un niveau de contrôle accru sur la sécurité de leur domicile. De plus, le système permettait d'enregistrer les conversations, ce qui était essentiel pour recueillir des preuves en cas d'incident et pour aider la police à intervenir plus rapidement et efficacement.

Son invention a eu un impact profond sur la sécurité domestique. Son système a jeté les bases des systèmes de sécurité modernes que nous connaissons aujourd'hui. Les fonctionnalités telles que la surveillance vidéo, les serrures de porte à commande à distance, les déclencheurs d'alarme par bouton-poussoir, les messages instantanés aux fournisseurs de sécurité et à la police, ainsi que la communication vocale bidirectionnelle sont autant d'éléments qui découlent de son innovation.

Le système de Marie a été largement adopté et est encore utilisé aujourd'hui dans les petites entreprises, les petits bureaux, les maisons individuelles et les logements collectifs tels que les appartements et les condominiums. Son brevet a également été cité par treize autres inventeurs, montrant ainsi son influence continue dans le domaine de la sécurité domestique.

Reconnaissance et Héritage

Malgré les défis initiaux pour faire connaître son invention, Marie Van Brittan Brown a finalement obtenu la reconnaissance qu'elle méritait. Peu de temps après la publication de son brevet en décembre 1969, le New York Times a présenté son invention au public, soulignant son caractère révolutionnaire. Cela a contribué à sensibiliser davantage les gens à l'importance de la sécurité domestique et à l'efficacité de son système.

En outre, Marie a été honorée par le National Scientists Committee, bien que l'année de cette récompense ne puisse être identifiée avec précision. Cette reconnaissance officielle a souligné l'importance de son travail dans le domaine de la technologie et de la sécurité.

L'héritage de Marie Van Brittan Brown réside dans le fait qu'elle a posé les bases des systèmes de sécurité modernes. Les caractéristiques de son invention, telles que la surveillance vidéo, les serrures de porte à commande à distance, les déclencheurs d'alarme par bouton-poussoir et la communication vocale bidirectionnelle, sont devenues des normes de l'industrie. Son travail visionnaire continue d'inspirer les ingénieurs, les innovateurs et les chercheurs dans le domaine de la sécurité domestique.

Son système de sécurité a ouvert la voie à un marché mondial de plusieurs dizaines de milliards de dollars, englobant une variété de produits et de services visant à protéger les foyers et les entreprises. Les avancées technologiques continues dans ce domaine doivent beaucoup à l'innovation pionnière de Marie.

En conclusion, la vie et la carrière de Marie Van Brittan Brown sont une source d'inspiration et un exemple de détermination face à des défis de sécurité. Née en 1922 à Queens, New York, Marie a fait preuve d'une ingéniosité exceptionnelle pour créer le premier système de sécurité domestique, jetant ainsi les bases des systèmes modernes que nous utilisons aujourd'hui.

Sa profession d'infirmière et les défis de sécurité qu'elle a rencontrés dans son quartier du Queens ont été des éléments clés qui l'ont poussée à rechercher des solutions novatrices. Son mari, Albert Brown, électronicien de profession, a également joué un rôle essentiel dans le développement de leur système de sécurité révolutionnaire.

L'inspiration de Marie est née de la nécessité de se sentir en sécurité chez elle malgré les risques environnants. Son système de sécurité comprenait des judas multiples, une caméra motorisée, des moniteurs et un système de communication bidirectionnelle. Il a ouvert la voie à des fonctionnalités telles que la vidéosurveillance, le verrouillage à distance, les alarmes par bouton-poussoir et la communication vocale avec les visiteurs.

Malgré les défis initiaux pour faire reconnaître son invention, Marie a finalement obtenu la reconnaissance qu'elle méritait, notamment grâce à une mention dans le New York Times et une récompense du National Scientists Committee. Son héritage perdure dans l'industrie de la sécurité domestique, où son innovation continue d'inspirer de nouvelles avancées technologiques.

Marie est une pionnière dont le nom restera à jamais associé à l'innovation en matière de sécurité domestique. Sa contribution exceptionnelle à la protection des foyers et à la tranquillité d'esprit des gens continue de bénéficier à des millions de personnes à travers le monde. Sa vie et son travail sont un témoignage de ce que l'ingéniosité et la détermination peuvent accomplir, même face aux défis les plus difficiles.

En tant que source d'inspiration pour les générations actuelles et futures, Marie nous rappelle l'importance de rechercher des solutions novatrices pour améliorer la sécurité et le bien-être de notre communauté. Ses conseils pour les futurs inventeurs et innovateurs sont précieux, et son héritage restera gravé dans l'histoire de la technologie et de la sécurité domestique.

www.ingramcontent.com/pod-product-compliance
Lightning Source LLC
Chambersburg PA
CBHW071058240526
45471CB00016B/2094